90 का इश्क़

अपराजिता शुक्ला

सन्मति

Title: 90 ka ishq
ISBN: 9789390539635
Author: Aparajita Shukla

प्रकाशक
सन्मति पब्लिशर्स
बी-347, संजय विहार,
मेरठ रोड, हापुड़-245101 (उ0प्र0)
Website: www.sanmatiindia.com
Email: sanmati555@gmail.com
प्रथम संस्करण : मई 2022
मूल्य : ₹ 125
Printed and processed by:
Tingle Books, Hapur

यह किताब कल्पना में घटी घटनाओं और लेखक के स्वयं के अनुभवों का मिश्रण है। कहानी में आए सभी चरित्र, नाम और घटनाएँ लेखक की कल्पना पर आधारित हैं।

अनुक्रमणिका

मेरे खवाबों मे जो आए 7

वो पहली बार 11

बड़ी मुश्किल है 18

पहला नशा, पहला खुमार 24

हम बने तुम बने एक दूजे के लिए 28

कुछ कुछ होता है 32

प्यार तो होना ही था 40

हमको सिर्फ तुमसे प्यार है 45

प्यार का दर्द है, मीठा मीठा प्यार प्यारा 50

बड़े अच्छे लगते हैं 56

तुम्हें हो ना हो... मुझको तो 60

जाते हो परदेस पिया, जाते ही ख़त लिखना 68

कुछ ना कहो... कुछ भी ना कहो 71

जब प्यार किया तो डरना क्या 75

मैंने प्यार किया 82

अपनी शादी के दिन अब नहीं दूर हैं 85

वादा रहा सनम, होंगे जुदा ना हम 90

नब्बे के दशक को वो सबसे अच्छी तरह समझ सकता है, जिसने उसे जिया है। आँखों की गुस्ताखियों और चिट्ठियों वाले प्यार की शिद्दत सिर्फ महसूस करी जा सकती है। प्यार का नाम हमेशा पाना नहीं होता, पर प्यार का एहसास हमेशा कुछ दे कर जाता है। यादों के पिटारे को जब भी खोलो, एहसास के बादल बिखर जाते हैं और फिर गीला कर देते हैं आँखों को। लेकिन, कमबख्त दिल, आँखों के जज़्बात नहीं समझता। वो तो हर पल दिल के संदूक में रखी यादों को ढूँढता रहता है। ये कहानी मेरे दिल का एक हिस्सा है, कुछ सच, कुछ कल्पना है, पर बहुत खास है...

मेरे खवाबों मे जो आए

1995 का साल मेरी ज़िंदगी का बहुत अहम् साल रहा है। इस साल भावनात्मक और सामाजिक तौर पर पहली बार एहसास हुआ कि, बड़े हो गए हैं। बारहवीं की परीक्षा समाप्त हुई और सपनों को पंख लग गए। पढ़ाई हमेशा मिडल क्लास घरों की प्रायोरिटी रही है। हर सपना घूम फिर कर रिजल्ट से शुरू होकर वहीं पर आकर अटक जाता था। अगर रिजल्ट अच्छा हुआ तो अच्छे कपड़े, खिलौने, खाना, घूमना, वरना डांट और सज़ा।

इंजीनियरिंग और मेडिकल, दोनों की तैयारी कर रहे थे और घरवालों को यकीन था कि कुछ तो करेंगे लाइफ में। नाम और पैसा दोनों कमाना था। घर के हालात पता थे इसलिए कुछ करने का जुनून हमेशा रहता था। घर पर सो कॉल्ड इक्वलिटी सच में थी, बराबर का प्यार, बराबर के हक़ और बराबर जिम्मेदारी भी। कभी किसी ने नहीं कहा कि, "लड़की हो, पढ़ कर क्या करोगी? नौकरी

क्यूँ करोगी?” भेदभाव का कोई चक्कर नहीं था हमारे घर में। पर रुल्स भी बराबर के थे, चाहे लड़का हो या लड़की। पार्टी, दोस्ती-यारी, घूमना सब घर वालों के साथ, बाहर वाले बिल्कुल नहीं।

ऐसे में जब दोस्तों ने DDLJ का प्रोग्राम बनाया तो हमने बिना पूछे ही न कर दी। घर वालों की हाँ का सवाल ही नहीं उठता था। लेकिन दिल में अरमान जरूर थे इसलिए डरते-डरते माँ से पूछा, उन्होंने पिताजी से और पिताजी ने आश्चर्यजनक रूप से ‘हाँ’ कह दी। चार बार कन्फर्म किया और सारे दोस्तों, रिश्तेदारों यहाँ तक कि पड़ोसियों को भी बताया कि पिताजी ने हाँ कर दी है। दस बार ड्रेस सेलेक्ट की, दस बार खुद को निहारा।

यह पहली बार मिली हुई आज़ादी और इज़ाज़त ऐसी लग रही थी, मानो इंद्रधनुष के सारे रंग सिर्फ मेरे लिए ही धरती पर बिखेरे गए हों। हमारे घर में ज़्यादा दोस्तों के साथ बाहर जाना वगैरह पसंद नहीं किया जाता था इसलिए कभी दोस्तों के साथ बाहर जाने की कोई नौबत ही नहीं आयी थी। ये पहली बार मिली आज़ादी से ख़ुशी के मारे समझ ही नहीं आ रहा था कि क्या करें और क्या न करें? खैर अपने हिसाब से सबसे बेस्ट ड्रेस सेलेक्ट करी और चिल्लर और रिश्तेदारों से मिले हुए पैसे इकट्ठा करके मूवी हॉल तक पहुँचे। टिकट खरीदी, पॉपकॉर्न और कोल्ड ड्रिंक लिया और पहुँचे हॉल के अंदर। मूवी लगभग शुरू हो गई थी। किसी तरह लड़ते-झगड़ते सीटें ढूँढ़ीं और इससे पहले कि ठीक से सेटल होते,

स्क्रीन पर एक सफेद स्कर्ट-टॉप पहन कर काजोल गाती हुई आई-
"मेरे ख्वाबों में जो आए..."

सच कहूँ तो इतनी शिद्दत से कभी, कोर्स की किताबें नहीं पढ़ी होंगी जितनी शिद्दत से वो गाना देखा। एक-एक लाइन, एक-एक ड्रेस, एक-एक सीन, जैसे अंदर तक समा गया। शक्ल सूरत ठीक ठाक ही थी मेरी लेकिन, डॉक्टर बनने की होड़ में ऐसे किसी भी जज़्बात से हमेशा दूर रही। ऐसा नहीं था कि क्लास या आसपास के लड़कों को देखकर दिल नहीं धड़का पर यह सब महसूस करने के लिए न शौक रहा न समय। मिडल क्लास फैमिली में, सपनों का अलग क्राइटेरिया होता है; भविष्य के सपने, नौकरी के सपने, घर के सपने, पैरों पर खड़े होने के सपने, प्यार-मोहब्बत के सपने, सिर्फ महीने में माहवारी की तरह आते हैं। उसमें भी मूवी के हीरो की शक्ल फिट करके सोचना पड़ता है और सपने दो मिनट में ख़त्म हो जाते हैं, जैसे ही माँ या पिताजी की आवाज आती है, "नीचे आ जाओ खाना तैयार है।"

लेकिन उस दिन काजोल की हर लाइन जैसे दिल में उतर रही थी। पक्का वादा किया था खुद से लव मैरिज करेंगे; पर लव किससे करेंगे ये बहुत भागीरथ प्रश्न था? ख्वाब तो थे पर उसमें कोई फिट नहीं हो रहा था। कई रातों तक, पूरा गाना सपनों में कई बार दोहराया, पर शक्ल न दे पाए उस सपने को। क्या करें? ख्वाब तो आदित्य चोपड़ा ने दिए थे लेकिन उन ख्वाबों में फिट करने के

लिए कोई इंसान तो भगवान और किस्मत ही देगी ना। खैर लड़कों के मामले में हमारी किस्मत ज़रा कमज़ोर ही रही, प्रतियोगिताएँ, खेल-कूद, पढ़ाई से कभी मुक्ति ही नहीं मिली और अगर कभी कुछ सोचा भी तो, पिताजी का थप्पड़ ही याद आ जाता था इसलिए सपनों को बक्से में बंद करके कॉलेज में एडमिशन लेने पहुँचे। दिल को दिमाग ने खामोश कर दिया। बस भविष्य बनाने का एक ही सपना लेकर, लग गए हम अपनी पढ़ाई में।

वो पहली बार...

नया कॉलेज, नया शहर, नये लोग... सब कुछ नया। नई जिंदगी की शुरुआत, नए सपने, नए दोस्त, नया माहौल। थोड़ा डर, थोड़ी सी आशाओं के साथ अपनी अटैची लेकर कॉलेज पहुँचे। रेलवे स्टेशन से कॉलेज पहुँचने तक लगा कि हमारा शहर, प्रदेश की राजधानी होने के बावजूद, इस शहर के मुकाबले कितना छोटा था। दरअसल उस समय ये हिसाब किताब लगा ही नहीं पाए कि अपने शहर को पूरी तरह देखा ही कहा था। स्कूल से घर, घर से स्कूल और त्यौहार या शादी ब्याह में घर से रिश्तेदारों के घर; बस इसी में जिंदगी संभाल रखी थी। छुट्टियों में, 'एग्जॉटिक हॉलीडेज' जैसा कोई रिवाज नहीं था; या तो नानी के घर, या दादा-दादी के घर।

खैर जब हम कॉलेज पहुँचे तब खुद को काफी तुर्रमखां समझते थे। स्कूल के सब टीचरों के चहेते, लेकिन हमें क्या पता था चार दिनों में ये सारा फितूर उतरने वाला था। हमारी जैसी उन्तीस

और लड़कियाँ थीं वहाँ पर और सौ से ज़्यादा सीनियर जो लगातार घूरते रहते थे। पिताजी तो हमको सेटल करके वापस चले गए, अब रह गए बस हम और हमारे डरे हुए से अरमान। फर्स्ट ईयर में हमारे यहाँ परंपरा थी कि, कहीं भी जाना है तो लाइन बनाकर जाना है और हर बात या काम पूछ कर करना है।

थोड़े समय में ऐसी आदत लगी कि खाना, नहाना, क्लास हर बात के लिए लाइन में लग जाते थे। कभी-कभी तो बाथरूम के बहार भी लाइन में ही खड़े होते थे। आज ये सब सोच कर इतनी हँसी आती है, पर उस समय तो सोचने या दिमाग का इस्तेमाल करने का मतलब था, खुद पर हमेशा के लिए ओवर स्मार्ट का टैग लगवा लेना और चार साल कॉलेज के बर्बाद।

मेरी रूममेट बनी बड़ी प्यारी सी, बहुत ही सुंदर और निहायत गोरी लड़की, पर पहले दिन उसको मिलकर बहुत अज़ीब लगा था क्योंकि उसने रो-रोकर गंगा जमुना बहा रखी थी और हम बड़ी मुश्किल से अपने आँसू रोक पा रहे थे। फिर भी कुछ ही दिनों में काफी दोस्त बन गए। कोई किसी प्रदेश, कोई किसी भाषा का। हाँ और ये भी पता चला कि दक्षिण प्रांत में सिर्फ मद्रासी नहीं हैं बल्कि मलयाली, तेलुगू, कन्नड़ और तमिल अलग-अलग भाषाएँ हैं और उनके रीति-रिवाज त्यौहार उतने ही अलग हैं जिनमें भारत के उत्तरी प्रांत में।

सीनियर्स की रैगिंग, पीटी, परेड, टाइम टेबल, घर की याद के ताने-बाने के बीच, जिंदगी पटरी पर आ रही थी। काफी रैगिंग के बाद सारी लखनवी अदा निकल गई। हमारा नाम बोलने के बजाय मेरे नाम पर हम प्रगति कर गए। माँ के हाथ का खाना याद आता था, पिताजी का दुलार, भाई की छेड़खानी सब बहुत याद आती थी। जल्दी खाना और सोना सबसे बड़ी जरूरत बन गए, पढ़ना उसके बाद आता था। जिसने हॉस्टल लाइफ जी है वो समझ सकता है, इस प्रायोरिटी को। ऐसे ही करते हुए तीन महीने बीत गए और 'फ्रेशर्स डे' आ गया।

सीनियर्स ने इतना डरा रखा था कि, "अगर प्रोग्राम ज़रा भी ख़राब हुआ तो शामत है।" इसलिए सब कुछ भूल कर तन-मन-धन से उसकी तैयारी में लग गए। बस एक ही जूनून था सब कुछ बहुत बढ़िया करना है कि तभी एक बम गिरा। 'फ्रेशर्स डे' के बाद होने वाली पार्टी में सारे फर्स्ट ईयर वालों को साड़ी पहननी है।

आपको लगेगा कि ये कौन सी बड़ी बात है लेकिन हमने कभी साड़ी पहनी नहीं थी। कभी कभार किसी रिश्तेदार की शादी में पहनी भी तो माँ, मौसी की और उन्हीं का ब्लाउज तुरपन करके पहन लो। खुद के लिए साड़ी न कभी खरीदी, न पहनी। उसपर भी फरमान था कि सिल्क की साड़ी बॉर्डर वाली साड़ी पहननी है। क्या करें? मांग के देखा पर निराशा ही हाथ लगी। सीनियर्स, रैगिंग के चलते नहीं दे रहे थे और बैचमेट के हालत और हालात, मेरे जैसे ही

थे। हॉस्टल से थोड़ी दूर पर बने पीसीओ से फ़ोन करके रो-रो कर माँ को बताई अपनी परेशानी बताई।

छूटते ही डांट पड़ी, "कितनी देर से बता रही हो।" खरीदकर पार्सल करके भेजने में बहुत देर हो जाती है। अब क्या होगा? सोच-सोचकर हालत खराब थी और यही टेंशन चल रही थी कि साड़ी कहाँ से आएगी? 15 दिन बचे थे सिर्फ। हमारे पास ना इतने पैसे थे और न साड़ी खरीदने की समझ। हम तो अपनी माँ पर ही निर्भर कर रहे थे कोई जुगाड़ लगाने के लिए। बेचारी मेरी माँ ने आनन-फानन में साड़ी तो खरीद ली पर अब उसे भेजें कैसे?

इसी उधेड़बुन का उपाय खोजते-खोजते माँ को एक जान पहचान की आंटी के बेटे के बारे में पता चला जो मेरे ही शहर के कॉलेज में पढ़ता था और छुट्टी से वापस आने वाला था। वह ऑफिस से सीधा उनके घर गईं क्यूँकि इतनी जल्दी साड़ी मुझ तक पहुँचाने का यही एकमात्र उपाय नज़र आ रहा था। लेकिन वहाँ जाकर पता चला कि वो लड़का तो घर पर था ही नहीं। बिना जान-पहचान के उनके घर का चाय-नाश्ता निपटाकर, हताश होकर माँ और उनकी दोस्त उठने वाले ही थे कि एक लड़का वहाँ आया। परिचय होने पर, यह पता चलते ही कि, वो भी उसी कॉलेज में पढ़ता है तो माँ ने तो भाव विभोर होकर उसे गले लगा लिया।

माँ ने साड़ी का पार्सल उसे देकर, भगवान को धन्यवाद दिया और शाम को मुझे फ़ोन करके बताया कि, साड़ी जल्द ही

पहुँच जाएगी। उफ ख़ुशी का ठिकाना ही नहीं रहा, मन में उमंग और पांवों में तरंग, सारे दोस्तों को बता दिया कि, आ रही है मेरी सिल्क की साड़ी... बॉर्डर वाली। तीन-चार दिन बाद हॉस्टल में खबर आई कि हमसे मिलने लड़का आया है। फर्स्ट ईयर में पढ़ने वाली किसी भी लड़की से मिलने अगर लोकल गार्जियन भी आ जाए तो सबको पता चल जाता है। गर्ल्स हॉस्टल में, मिलने के लिए किसी लड़के का आना तो, विश्व कप शुरू होने जितना रोमांचक और बड़ा आश्चर्य था। सबके सवालों का जवाब और घूरती निगाहों से बचते हुए, बैचमेट्स के कौतूहल भरे चेहरों को देखते हुए, हम विजिटर रूम की तरफ बढ़ने लगे। दरवाजे पर पहुँचकर देखा, सामने वाले सोफे पर एक लड़का बैठा था जो हमें देखते ही खड़ा हो गया। कदम वहीं ठिठक गए, कुछ समझ नहीं आया।

"क्या आपका नाम अपर्णा है?" उसने पूछा।

हमने मुस्कुरा कर जवाब दिया, "हाँ जी।"

उसने कहा, "मेरे पास एक पार्सल है आपके लिए, आंटी ने बताया होगा।"

मारे एक्साइटमेंट के और पुरानी आदत के चलते हमने जल्दी से दोनों हाथ जोड़ कर मुस्कुरा कर बोला, "नमस्ते, हाँ माँ ने आपके बारे में बताया था, आप मेरी साड़ी ले आये?"

उसने भी मुस्कुराते हुए बड़ी शरारत से हाथ को नमस्ते की मुद्रा में लाकर बोला, "नमस्ते।" और पार्सल देते हुए कहा, "आपके लिए साड़ी है शायद।"

मैंने धीरे से सिर हिलाया। पार्सल पकड़कर दोबारा अभिवादन करके वापस जाने को तत्पर थी क्योंकि उस समय कम से कम 10 जोड़ी आँखें मुझे घूर रही थीं। पर उसे तो जैसे जाने की कोई जल्दी नहीं थी। आराम से बातें करने के मूड में आया था शायद। "आपके कॉलेज में कोई पार्टी होने वाली है। बताइयेगा कैसी रही? अगर कैमरा हो तो फोटो भी लेना, अगली बार देखूँगा।"

मेरे दिमाग में मंदिर के घंटे बज रहे थे। "अगली बार? ये पहली और आख़िरी मुलाकात है जनाब हमारी। खैर हमें क्या?" हमने दो बार और नमस्ते कर दिया कि शायद इशारा समझ कर वो अलविदा कहेगा और हम अपने दोस्तों को साड़ी दिखाने जा सकेंगे।

उसने भी नमस्ते किया और चल दिया। दरवाजे तक ही पहुँचा होगा कि बोला, "वैसे अगर कोई भी परेशानी हो तो मुझे जरूर बताइएगा।"

मैंने पूरी तत्परता से मुस्कुराते हुए सर हिलाया और पार्सल हाथ में लेकर, दौड़ते हुए अपने दोस्तों को साड़ी दिखाने भाग गए।

काफी देर बाद पता चला कि दोस्तों को, साड़ी से ज़्यादा लड़के में दिलचस्पी थी। फिर याद आया, "ये पूछना तो भूल ही गए कि अगर कोई परेशानी होगी तो कैसे बताएँगे? न फ़ोन नंबर पता था, न नाम और न कॉलेज।"

खैर मुस्कुराते और गुनगुनाते हुए, हम तो अपनी ख़ुशी में मगन थे। आखिर आ ही गयी हमारी बॉर्डर वाली सिल्क साड़ी।

बड़ी मुश्किल है

फर्स्ट ईयर ख़त्म हुआ और साथ ही फ्रेशर होने का एहसास और रैगिंग का खौफ़, दोनों ख़त्म हो गए। सीनियर तो अब सबसे पक्के दोस्त बन चुके थे। हमेशा मदद के लिए तैयार और हमने भी एक ग्रुप के तौर पर काफी कसमें वादे खाये थे, कि चाहें कुछ भी हो जाए हम सीनियर बनकर रैगिंग नहीं करेंगे। आगे चल कर मौका मिलते ही ये सारी बातें धरी रह गईं।

सुबह से शाम कब होती थी पता ही नहीं चलता था। पी टी, फिर कॉलेज, फिर लंच, फिर कॉलेज, शाम को गेम, फिर स्टडी। बड़ी जद्दोजहद के बाद, आँखों को खोलकर किताब को सामने रखकर, सोने की कला खुद-ब-खुद आ गई थी। रात की रोल कॉल में हर दिन कुछ नया होता था। कभी कोई लेट हो जाता, कभी कोई सोता रह जाता, या कभी गिनती ही गड़बड़ हो जाती। और हम सब एक लंबी नसीहत का तकिया बनाकर, चैन की चादर

ओढ़कर सो जाते। आखिर 'आज करे सो कल कर और कल करे सो परसों, काहे चिंता करता है जब पड़े हैं बरसों', ये कहावत का असली मतलब तो यहीं आकर समझ आया था।

पहले एग्ज़ाम में जैसे प्रलय ही आ गई। सारा बैच फेल, पहले ही एग्ज़ाम में और उसके बाद तो सब बंद। सारी मस्ती बंद, हॉस्टल से निकलना बंद, खाने और ताने के अलावा सब कुछ बंद। पहले तो बहुत बुरा लगा लेकिन फिर कॉलेज की बड़ी चिंताओं के आगे तो ये बहुत छोटी सज़ा थी। रात को खाने में क्या मिलेगा से लेकर, कपड़ें कब धोने हैं और रूम इंस्पेक्शन से पहले ही, रोज के पोस्टर्स को कैसे छुपाना है से लेकर, बाथरूम में पहला नंबर लगाने तक इतनी टेंशन थी कि बाकी टेंशन के लिए कोई टाइम ही नहीं था। जैसे एफएम पर कभी-कभी चैनल बदलते-बदलते अचानक कोई पुराना मनपसंद गाना सुनकर जो ख़ुशी मिलती है, वही ख़ुशी मिली ये सुनकर कि, "कोई मुझसे मिलने आया है।"

लोकल गार्जियन के अभाव में, अगर कोई गर्ल्स हॉस्टल में मिलने आ जाये तो, आपसे पहले, पूरे हॉस्टल को पता चल जाता है और सारा कॉलेज उस एक विजिटर को ऐसे देखता है मानो उसने आकर बहुत बड़ा काम कर दिया है। हर हफ्ते घर पर फ़ोन करना और पत्र लिखना अनिवार्य था। हर बीतते महीने के साथ, पत्रों की लंबाई और बातों के मिनट कम होते जा रहे थे, दिन कट रहे थे। इस बीच एक दिन अचानक एक पत्र आया कि, मेरे क्लासमेट का भाई

जो उसी शहर के किसी कॉलेज में पढ़ता था, बीमार था और मिलने के लिए बहुत परेशान था।

हम 'हाँ और ना' में झूल रहे थे कि अचानक घोषणा हुई कि, "परीक्षा के पहले सबको बाहर जाने की अनुमति है।" यह सुनकर ऐसा लगा कि यह तो भगवान का इशारा है। फटाफट प्लान बनाया और अपने एक दोस्त के साथ चल दिए। इतना लंबा रास्ता, नए लोगों से मिलने का कौतूहल, सोने पर सुहागा ये कि हम पूरी तरह लड़कियों के कॉलेज से पूरी तरह लड़कों के कॉलेज की तरफ जा रहे थे। को-एड एजुकेशन में पढ़ने के बावजूद, कभी लड़कों से ज़्यादा बातचीत नहीं थी और घर का माहौल ऐसा नहीं था कि लड़के घर आते-जाते हों या हम उनके साथ घूमने फिरने जाते हों। रास्ते भर जो कॉन्फिडेंस था वो उनके कॉलेज के बस स्टॉप पर पहुँचते ही ऐसे निकल गया, जैसे गुब्बारे में से हवा। ड्राइवर के बार-बार बोलने पर किसी तरह भारी कदमों से बस से उतरे।

अपनी तरफ से हम चाह रहे थे कि किसी को हम दिखाई न दें। लेकिन लड़कों के कॉलेज में दो लड़कियाँ चिड़ियाघर में लाए गए वो नए जानवर होते हैं, जिन पर कमेंट करना या उनको घूरना सबका जन्मजात हक़ होता है। हर लड़का हमें ऊपर से नीचे तक परख रहा था। हमारा सारा कॉन्फिडेंस, आँख नीची करके, चलने में ही लगा हुआ था। हिम्मत करके एक-दो लोगों से रास्ता पूछकर हम दोनों कॉलेज कैंपस में स्थित हॉस्पिटल में पहुँचे। वो लड़का काफी

बीमार था इसलिए हॉस्पिटल में भर्ती करना पड़ा था। हर बेड पर लेटे हुए पेशेंट्स और उनके विजिटर्स की घूरती निगाहों का सामना करते हुए, हम उसके पास पहुँचे ही थे कि उसके पास बैठे हुए लड़के ने मुस्कुराते हुए मेरी ओर देखा और अभिवादन में हाथ जोड़कर शरारत से बोला, “नमस्ते।“

उसको देखकर लगा जैसे सारे रेगिस्तान में बस वही एक खिला हुआ फूल था। उसकी शरारत भरी हँसी भी बहुत अच्छी लग रही थी। पक्का, उसने मुझे बहनजी समझ लिया होगा; हाय, हैलो के ज़माने में कौन नमस्ते करता है? मुझ पर हँस रहा होगा मन ही मन... लेकिन कम से कम एक पहचाना हुआ चेहरा तो दिखा इन अजनबियों के बीच में। ऐसा लगा जैसे वर्षों का खोया हुआ कोई साथी मिल गया हो। पिछले 1 घंटे की कवायद के बाद लगा कि उसे गले लगा लूँ। आप समझ ही सकते हैं कि अनजान शहर में अनजान जगह और अनजान लोगों के बीच एक जाना-पहचाना चेहरा मिल जाए तो, ख़ुशी की कोई सीमा नहीं होती। उसकी मुस्कुराहट उसकी आँखों तक गई थी; गौर से देखा तो पाया उसने अभी तक अपने हाथ अभिवादन के लिए जोड़ रखे थे। सभी लोग हमें आश्चर्य से देख रहे थे। खैर मैंने उसे अनदेखा कर बीमार लड़के की तरफ सिर कर लिया। वो छोटे भाई जैसा था, वो भी मुझे दीदी कहकर संबोधित कर रहा था। मेरी दोस्त उससे बात करने लगी।

उनकी हँसी और ठहाकों से लग रहा था जैसे जन्मों से एक-दूसरे को जानते हों।

मिलने की अवधि समाप्त हो गई तो हम लोग अस्पताल से निकल पड़े। मैं अकेले चल रही थी और मेरी दोस्त उसके साथ। दोनों लगातार बातें कर रहे थे। मैं तो आसपास के नजारे देखते हुए बस स्टॉप की ओर बढ़ रही थी कि तभी पीछे से आवाज़ आई, "हमारी कैन्टीन के रसगुल्ले बहुत मशहूर हैं।"

मैं ना बोलती उसके पहले मेरी दोस्त बोल पड़ी, "क्यों नहीं, नेकी और पूछ-पूछ।"

मैंने हताशा से उसकी ओर देखा और वो दोनों हँसते हुए कैंटीन की तरफ मुड़ गए; मैं भी उनके पीछे हो ली।

एक टेबल पर बैठकर वो और मेरी दोस्त मेनू देखने लगे और मैं एक सीट तलाश करने लगी। उसने अपने पास रखी कुर्सी की ओर इशारा करते हुए कहा, "बैठ जाओ मेरे पास; मैं काटता नहीं हूँ।"

"हे भगवान्! पक्का मन ही मन सोच रहा होगा कि पूरी जिंदगी मेरी शक्ल भी नहीं देखेगा और घर जाकर पूरे शहर को बता देगा कि मैं कितनी बड़ी बहन जी हूँ।" रसगुल्लों की मिठास से भी खुद की बेवकूफ़ी भरी हरकतों की कड़वाहट मुँह से निकल नहीं रही थी। वो बस स्टॉप तक हमें छोड़ने आया तो एक कागज़ के

टुकड़े पर कुछ लिख कर दिया और हाथ हिलाते हुए बोला, "कुछ काम पड़े तो इस नंबर पर फ़ोन कर देना।"

मेरी दोस्त तो काफी देर तक हाथ हिलाती रही पर हमने तो पीछे मुड़कर भी नहीं देखा। जान बची और लाखों पाए, लौटकर बुद्धू घर को आये।

पहला नशा, पहला खुमार

और आ गया हर स्टूडेंट की जिंदगी का प्रलय काल, यानी कि एग्ज़ाम टाइम। हमारे एग्ज़ाम के पहले 10 दिनों का पीरियड 'स्टडी पीरियड' कहलाता था। इन दिनों आपको बाहर जाना, खेलना हँसना, टीवी देखना सब मना था। बस रात-दिन पढ़ाई... पढ़ाई। वो बात अलग है कि कभी किताबें तकिये का काम देती थी और कभी चादर का। साल भर की मस्ती के बाद 10 दिन में कोर्स फिनिश करने की होड़ लग जाती थी। 'स्टडी पीरियड' शुरू होने से 1 दिन पहले मेरी दोस्त दौड़ती हुए आई कि आज उसने उस लड़के के दिए हुए नंबर पर फ़ोन करके, उससे बहुत देर बातें करीं। वो मेरे बारे में भी काफी पूछ रहा था और उसने यह भी कहा कि वो जल्द ही हमसे मिलने कॉलेज आएगा। वाह क्या दोस्ती, चलो मेरी दोस्त सेट हो गयी।

10 दिनों की नज़रबंदी शुरू हो गई, न कहीं आना जाना, खाओ, पढ़ो और फिर उठो, पढ़ो खाओ और सो जाओ। सातवें दिन तीन-चार लड़कियाँ दौड़ते हुए मेरे पास आईं और बताया कि, "वही लड़का, जो कुछ दिन पहले तुझसे मिलने आया था, दुबारा आया है।"

"मुझसे मिलने आया है", यह सुनकर, किताबों को समेटकर, हमने लाइब्रेरी के दरवाजे से झाँककर देखा। बंद गेट के उस तरफ वही खड़ा था। अच्छा जनाब आ ही गए मेरी दोस्त से मिलने। लेकिन मेरा नाम क्यों बताया? गार्ड टीचर से इज़ाज़त लेने आया तो आगबबूला होकर उन्होंने डांट दिया, "'स्टडी पीरियड' में कोई विजिटर नहीं आ सकता उसे बोल दो चला जाए।"

लेकिन वहाँ से जवाब आया, "आया हूँ तो मिलके ही जाऊँगा।"

अब क्या करे? दोबारा टीचर से पूछने गए तो ऐसी झाड़ पड़ी कि पूछो मत। चुपचाप सर लटका कर वापस आ गए। फिर संदेश भिजवाया कि, "आप वापस चले जाइए मिल नहीं सकते, सख्त मना है।"

फिर जनाब का जवाब आया, "अगर नहीं मिलना है तो सामने आकर बोलना पड़ेगा।"

समझ नहीं आ रहा था कि क्या करें? एक तरफ टीचर की ज़िद और एक तरफ ये लड़का, दोनों में से कोई भी मानने को तैयार नहीं था। हम सब लाइब्रेरी के दरवाजे पर खड़े होकर गेट की ओर झाँक रहे थे। टीचर भी गुस्से में गेट की ओर ही देख रही थीं और वह लड़का इन सब बातों से बेपरवाह, बाहर चहल कदमी कर रहा था; जैसे उसे दुनिया की कोई परवाह ही नहीं है। टीचर ने मुझे अपने ऑफिस में बुलाकर इतना सुनाया कि रोना ही आ गया। डर था कि ऐसे ही चलता रहा तो मैडम प्रिंसिपल को बता देंगी और शायद यह मेरा आख़िरी साल बन जाएगा। सारे भगवान याद कर लिए लेकिन शायद देवताओं ने भी छुट्टी कर रखी थी। उस लड़के के भेजे में, घुस ही नहीं रहा था कुछ। फिर से संदेश भिजवाया, "चले जाओ वापस।"

गुस्से में आगबबूला हो कर मैडम तमतमाते हुए गेट पर गईं और धमकी भी दी कि, "उसकी शिकायत कर दी जाएगी और पढ़ाई, करियर दोनों चौपट हो जाएँगे।"

हम सब देख रहे थे। मेरा तो डर के मारे बुरा हाल हो रहा था, जिसे सारे भगवानों का प्रसाद मान लिया था। मैडम के बुलवाने पर मैं चुपचाप गेट पर पहुँची तो इतने ड्रामे के बाद उसकी मुस्कुराते हुई शक्ल देख कर हँसी आ गयी। मैडम ने बोला, "कहो क्या बात करनी है?"

उसने कहा, “कुछ बात नहीं करनी है सिर्फ कुछ देना है।“ और एक कार्ड मेरे हाथ में पकड़ा दिया, जिसमें लिखा था, “Studying hard or hardly studying.” बस इतनी सी बात।

उसके बाद वो मुस्कुराते हुए, मैडम की ओर देखकर, बोला, “नमस्ते।“ और मैंने भी बड़ी मुश्किल से हँसी रोकते हुए उसको कहा, “नमस्ते।“ और वो मुस्कुराते हुए चला गया।

न मैडम की डांट का डर लगा, न दोस्तों के सवालों का, न सीनियर्स की नसीहत का। सिर्फ लगा जैसे दिल को पंख लग गए हैं और मैं एक ऊँची उड़ान के लिए पंख फैलाकर निकल पड़ी हूँ। उस दिन पहली बार कुछ-कुछ हुआ था पर तब तो हमारी समझ में भी कुछ नहीं आया था।

हम बने तुम बने एक दूजे के लिए

पहली छुट्टी पर घर जाने की इतनी ख़ुशी थी कि पांव धरती पर पड़ते ही नहीं रहे थे। बार-बार सामान पैक करने का मज़ा सिर्फ हॉस्टल वाले ही समझ सकते हैं। उसका फ़ोन अब लगभग हर हफ्ते आने लग गया था। उसे भी फ़ोन पर बस यही बता-बता कर कि, "मैं घर जाने वाली हूँ।" पका दिया था मैंने और वो बिना किसी शिकायत के चुपचाप एक ही बात हर हफ्ते सुनता रहता था। उससे बात करना अच्छा लगने लग गया था।

एक दिन उसने बताया कि, "वो भी उसी टाइम छुट्टी में होगा। क्या मैं उसे छुट्टी के पहले मिलना चाहूँगी?"

बातचीत की वजह से हिचक निकल चुकी थी इसलिए मैंने हामी भर दी। तय हुआ कि आने वाले शनिवार को हम मिलेंगे। फ़ोन रखने के पहले उसने हँसते हुए पूछा, "इस बार किस दोस्त को ले कर आऊँगी?"

मैंने भी शरारत से उत्तर दिया, "तुमको जो पसंद हो।" कमरे में लौटकर अपने बेड पर लेटकर सोचा तो लगा ये तो गलती हो गयी, पर क्या बोलूंगी और कैसे जाऊँगी?

थोड़े दिनों बाद एक कार्ड आया मेरे नाम। खोला तो बड़ी हँसी आई, लिखा था, "वैटिंग फॉर यू।"

आश्चर्य मिश्रित हँसी होंठों पर तैर गई। बातें तो मेरे दोस्तों से करता है और मिलना मुझसे है। लड़के सारे एक जैसे ही होते हैं। खैर शनिवार का इंतज़ार ख़त्म हुआ और हम अपनी पहली डेट पर जाने को तैयार हुए। पहली बार कपड़ों के सेलेक्शन पर हमने इतना ज़ोर दिया जिससे मेरी रूममेट तो तंग आ गई। जिस लड़की ने, आज तक मुझे, टी-शर्ट के अलावा कुछ भी पहने नहीं देखा था, आज चार बार मैच मिला रही थी। उसने दस बार पूछा, "कुछ चल रहा है क्या तेरे और उसके बीच में?"

मैंने भी हँसते हुए बोल दिया, "ये दिल विल के मामले से हम कोसों दूर हैं। वो तो बस बाहर जा रहे हैं।"

खैर तैयार होकर निकलने में काफी देर हो गई। जब सिनेमा हाल में पहुँचे तो इतनी भीड़ थी, मानो सत्यनारायण का प्रसाद बँट रहा हो। ऐसी भीड़ में किसी को ढूँढ पाना नामुमकिन था। ब्लैक में टिकट बेचने वालों की भीड़ ने उसे घेर रखा था इसीलिए वो कहीं नज़र ही नहीं आ रहा था। मैं ये सोचकर वापस

जाने के लिए मुड़ी ही थी कि, शायद वो नहीं आएगा, तभी आवाज आई अप्पू... मुड़कर देखा तो पाया कि भीड़ में से वो हाथ हिलाता हुआ आ रहा था।

मैंने हँसकर पूछा, "अप्पू, ये क्या नाम है?"

जनाब ने अंदाज़ से मुस्कुराया और बोला, "अगर बुरा ना मानो तो इसी नाम से बुलाऊँ? छोटा प्यारा सा।"

मैंने पूछा, "और मैं तुम्हें किस नाम से बुलाऊँ?"

तो बड़ी स्टाइल से बोला, "मुझे तुम कुछ भी बुलाओ। मुझे सारे चाहने वाले अलग-अलग नामों से बुलाते हैं।" पूरा फिल्मी जवाब मिला।

दो टिकट थे और मूवी शुरू हो चुकी थी और हम अँधेरे में अपनी सीट ढूँढ कर बैठ गए। पहली बार किसी लड़के के साथ पिक्चर देख रहे थे वो भी अकेले, पर थोड़ी देर में हिचक निकल गई, क्योंकि हर बार हम एक जैसे कमेंट पास कर रहे थे। हाफ टाइम कब आ गया पता ही नहीं चला। लाइट जली तब देखा आसपास। मैंने तुरंत दुपट्टे से अपना चेहरा ढक लिया पर उसको तो उसके दोस्तों ने देख लिया था।।

अपने दोस्तों को देखता देखकर, उसने कहा, "मैं उन लोगों से मिलकर आता हूँ वरना वो यहाँ आ जाएँगे और तुम से मिलने की ज़िद करेंगे।"

मैं तो इस बात से परेशान थी कि हाफ टाइम में इतनी रोशनी करने की क्या जरूरत है? तभी वो अचानक वापिस आया और बड़ी गंभीरता से मेरे कान के पास आकर बोला, "वो ब्लैक में टिकट खरीदने में सारे पैसे ख़त्म हो गए इसलिए पॉपकॉर्न और कोल्ड ड्रिंक शेयर करना पड़ेगा।" हे भगवान! बेचारा, मेरी वजह से कितना खर्चा हो गया इसका?

जैसे ही इमोशनल सीन शुरू हुए हमने आँखों से गंगा जमुना का सैलाब बहाना शुरू कर दिया। क्या करते पुरानी आदत है। अब नए बॉयफ्रेंड के मिलने से पुरानी आदतें थोड़ी न जाएँगी। वो चुपचाप बैठा हुआ था ना कुछ देख रहा था, ना कह रहा था। थोड़ी देर बाद उसने अपना हाथ मेरे हाथ पर रखा और ज़ोर से पकड़ लिया। मैंने भी हाथ छुड़ाने की कोशिश नहीं की और वो मेरा हाथ पकड़े ही बैठा रहा। पिक्चर समाप्त होने के पहले उसने मेरा हाथ छोड़ दिया, पर उसका एहसास बहुत देर तक रहा मेरे हाथों में। ये सारे एहसास इतना तंग कर रहे थे कि मैंने ज़ोर देते हुए बोला, "बहुत जरूरी काम है हॉस्टल में, जल्दी जाना है और उसके लाख रोकने के बावजूद ऑटो पकड़ कर वहाँ से निकल गई। पीछे मुड़कर देखा तो, वो वहीं खड़ा था।

कुछ कुछ होता है

छुट्टियाँ शुरू हो गई थीं। घर पहुँच कर ऐसा लग रहा था जैसे बहुत सालों बाद घर लौटे हों। घरवालों के साथ समय बिताना और मन का खाना बस यही दिनचर्या थी। सारे रिश्तेदारों से मिलना-मिलाना, भाई के साथ प्यार भरे झगड़े, माँ और पिताजी का ढेर सारा प्यार, सब कुछ था; फिर भी बीच-बीच में वो बहुत याद आता था। टीवी देखते-देखते फ़ोन की घंटी बजी तो आदतन उठा लिया। “हाय”, सुनकर ऐसा लगा जैसे मन के सारे तार बज उठे हों।

मैंने भी इधर-उधर की बातें करने के बाद पूछा, “तुम्हें नंबर कहाँ से मिला?”

उसने हँसते हुए जवाब दिया, “तुम्हारी मम्मी ने दिया था तुम्हारी खबर देने के लिए। आज हिम्मत करके मिला दिया। कल

ही पहुँचा हूँ। सोचा फ़ोन पर तो बात कर ही सकते हैं। करोगी बात फ़ोन पर मुझसे?"

मैंने तुरंत 'हाँ' बोल दिया पर रात होने तक घबराहट बढ़ती जा रही थी कि जब फ़ोन आएगा तो सब को क्या बोलेंगे?

हमारे घर वाले रूढ़िवादी नहीं थे पर लड़कों से फ़ोन पर बातचीत वगैरह न कभी करी, न कभी सोचा। फ़ोन ड्राइंग रूम में रखा रहता था। बैठक में एक दीवान था और सोने का कमरा ऊपर। उस दिन सबसे पहले खाना खाकर, फ़ोन के बगल वाले सोफे पर बैठ गए। भाई के लाख परेशान करने के बावजूद न सोफा छोड़ा, ना टीवी। रात होने पर बढ़िया बहाना बनाया कि, "हॉस्टल में टीवी देखने को नहीं मिलता। छुट्टी है टीवी देखना है मुझे।"

मम्मी-पापा दोनों बिगड़ गए। भाई को सख्त चेतावनी देकर वो सोने चले गए। फ़ोन की घंटी बजी तो भाई ने उठा लिया और थोड़ी देर बात करने के बाद, रिसीवर मुझे पकड़ा दिया, यह कहकर कि, "किसी भैया का फ़ोन है। कह रहे है तुम्हें जानते हैं।"

"कौन है?" मैंने पूरे विश्वास के साथ जवाब दिया।

"अरे वही जिनके हाथों माँ में साड़ी भिजवाई थी। मदद करते हैं।"

फ़ोन उससे लेकर मैंने उसे पढ़ाई में दिमाग लगाने की कड़ी हिदायत दी तो वो भुनभुनाते हुए वहाँ से चला गया। मैंने इतने धीरे से 'हैलो' बोला कि वो हँसने लगा।

हँसते हुए बोला, "फ़ोन पर बात कर रहे हैं लेकिन इतना धीरे से बोलोगी तो बीएसएनएल भी आवाज नहीं पहुँचा पाएगा।"

हे भगवान, हर बार उसके सामने मैं अपनी डरी सहमी बहनजी वाली तस्वीर क्यूँ दिखाती हूँ? काफी देर इधर-उधर की बातें करते रहे। रात बीत रही थी और मुझे नींद आने लगी थी। फ़ोन रखने ही वाले थे कि उसने पूछा, "एक बात का जवाब दोगी? उस दिन पिक्चर हॉल में, जब तुम्हारा हाथ पकड़ा था तो तुम्हें बुरा लगा था ना? इसलिए क्या बिना लंच किए चली गयी? या कोई और बात थी?"

मैंने तुरंत जवाब दिया, "नहीं मुझे कुछ काम था।"

वो फिर हँसने लगा और बड़े विश्वास के साथ बोला, "तो अगली बार भी पकड़ सकता हूँ न।"

मैंने हँसते हुए कहा, "नहीं और फ़ोन रख दिया।"

पूरी छुट्टियाँ हमने यूँ ही रात में बातें करके काटीं। वही बहाने, वही हँसी मज़ाक। मेरी छुट्टियाँ ख़त्म होने वाली थीं पर उसकी छुट्टियों के अभी दस दिन बाकी थे। उसे तो सनक सवार हो

गई थी कि उसे मुझसे मिलना है। फ़ोन पर ही बातें इतनी मुश्किल से होती थीं, लाखों बहाने बनाने पड़ते थे; मिलने का तो सोच भी नहीं सकते। जिस शहर में हर अगला आदमी आपका रिश्तेदार हो या हर गली में आपको लोग जानते हो, ऐसी जगह में कोई कैसे मिलेगा किसी से। मैंने तो मना कर दिया था, पर सनकी तो वो हमेशा से था। इसलिए रोज नए आइडियाज सोचता और मैं हर रोज उसकी रिक्वेस्ट रिजेक्ट कर देती। पता नहीं किससे पूछ कर, दूर हाइवे पर किसी मंदिर के बारे में पता कर लिया और ज़िद ठान ली कि वहाँ जा कर थोड़ा टाइम साथ में बिताएँगे। उसकी ज़िद के आगे मैंने भी हार मान ली और अपनी दोस्त को भी इस प्लान में शामिल कर लिया। सारा फुलप्रूफ प्लान बनाया कि, मेरा भाई मुझे अमुक स्थान तक छोड़ेगा फिर मेरी दोस्त अगले पॉइंट तक और उसके बाद वो मुझे बाइक से आगे ले जाएगा। लौटने पर भी यही तरीका होगा। सारी प्लानिंग हो गई, मन ही मन रिहर्सल भी कर ली और द डी वाले दिन निकल पड़े।

सब कुछ ठीक रहा। वो बाइक लेकर पहले से निश्चित स्थान पर खड़ा था और मैं उसकी बाइक पर बैठ गई। उस दिन से पहले किसी की बाइक पर ना बैठी थी, ना इतनी हिम्मत थी कि कोशिश करते, पर उस दिन तो पर ही निकल आए थे। उसकी बाइक पर बैठ तो गई पर उसे पकड़ कर बैठने की हिम्मत नहीं थी मुझमें। चेहरे को भी दुपट्टे से पूरी तरह ढक लिया और ये देख कर

मेरी दोस्त और वो इतना हँसे कि शर्म के मारे गाल लाल हो गए। उसने बोला, "बीच-बीच में कुछ बोलती रहना वरना पता नहीं चलेगा अगर बीच में गिर गई तो।"

"हाउ फनी। उड़ाओ मेरा मज़ाक।"

मेरा पूरा ध्यान दो बातों पर लगा था कि खुद का हाथ स्टैंड पर से न छूट जाए और हम कौन से मंदिर जा रहे हैं। जैसे-जैसे शहर की सीमा पार हो रही थी अंदर से डर बढ़ता जा रहा था कि कहीं गलती तो नहीं कर दी? कहीं पकड़े ना जायें? इसी उधेड़बुन में, मैं जोर से चिल्लाई कि, "गाड़ी रोको, मुझे घर वापस जाना है।"

उसने झटके से गाड़ी रोकी तो एक और बाइक आकर हमसे टकरा गई। उस पर दो लड़के बैठे थे, वो अपनी बाइक से उतर कर लड़ने आ गए, और ये भी लड़ाई के मूड में तैयार होकर बाइक को साइड में लगाकर उतर गया। मैं तो टेनिस के मैच के दर्शक की तरह सिर्फ दोनों की लड़ाई देख रही थी। हमारे शहर में लड़ते कम और खींचते ज़्यादा हैं, पर तभी उनमें से एक ने मेरी ओर इशारा करके बोला, "लौंडिया के साथ हो इसलिए छोड़ रहे हैं, वरना अभी ठीक करते।"

बस अब तो प्रलय आ गई। घमासान लड़ाई शुरू और हम मूक दर्शक बने सिर्फ देख रहे थे। उसकी चिंता तो थी पर उससे भी ज़्यादा चिंता इस बात की थी कि किसी ने देख लिया तो ग़ज़ब हो

जाएगा। मैंने डरते हुए कई बार उसे रोकने की कोशिश की पर वो तो फुल ऑन फाइटिंग मोड में था। हार कर मैंने उसका हाथ जोर से पकड़ कर अपनी तरफ खींचा तब मेरी शक्ल देख कर शायद उसका दिमाग वापस काम करने लगा।

ये लड़कों की प्रॉब्लम होती है। हर बात को मरने मारने का इश्यु बना देते हैं खास कर जब लड़की साथ हो। अरे भाई, लड़कियों को फाइटिंग पिक्चर में अच्छी लगती है, रियल लाइफ में नहीं। खैर उसने बाइक स्टार्ट की और हम अपने सफ़र पर निकल पड़े। पूरे रास्ते मैंने उसके कंधे पर हाथ रखे रखा कि कहीं दोबारा लड़ाई के मोड में वापस ना चला जाए।

मंदिर शहर के दूसरे कोने में था। वहाँ पहुँच कर बाइक पार्किंग में लगाई तो देखा, वो मंदिर कम युगल जोड़ों के मिलने की जगह ज़्यादा लग रही थी। हर पेड़ के नीचे लोग हाथ पकड़ कर, बाहों में बाहें डाल कर बैठे थे। अब समझ आया, क्यूँ इसे यहाँ आना था, उसको सौ गाली देने का मन था पर वो तो खुद हैरान लग रहा था।

बहुत गुस्से में बोला, "चलते हैं यहाँ से। मुझे नहीं पता था ये ऐसी जगह है। मेरा इरादा तो बस थोड़ा टाइम स्पेंड करने का था, अब अपने दिमाग में ये मत लाना कि मेरे इरादे गलत हैं। मैं भी एक इंसान हूँ और इतना पता है कि क्या गलत है, क्या सही। ऐसी रोनी सूरत बना कर मत बैठो। हम वापस चलते हैं।"

वो, मेरी ओर बिना देखे या कोई बात करे सीधा बाइक स्टैन्ड की तरफ चल दिया। मैं चुपचाप उसके पीछे चलने लगी। पार्क में काफी युगल जोड़े बैठे थे। उनकी अश्लील हरकतें देखकर मुझे आश्चर्य हो रहा था। मैं सोच रह थी कि, मंदिर के आस-पास भी ये सब होता है। पर, वो तो बिना इधर-उधर देखे सीधा बाइक पर जाकर बैठ गया और बाइक स्टार्ट कर दी। भागते हुए मैं बाइक पर बैठी और बैलेन्स के लिए उसके कंधे पर हाथ रखा तो उसने झटके से मेरा हाथ हटा दिया और कहा, "जब विश्वास नहीं है तो नाटक मत करो।"

मुझे कुछ समझ नहीं आया। उसने आगे कहा, "मैं जानता हूँ कि तुम क्या सोच रही हो। मैं तुम्हें बाइक पर बिठाकर, शहर से दूर, इस मंदिर में लाके पता नहीं क्या करूँगा? लेकिन एक बात समझ लो, मैं कैसा भी हूँ और तुम मेरे बारे में कुछ भी सोचो या समझो लेकिन मेरी बाइक पर ना कभी कोई लड़की बैठी है और न कोई गलत सोच है। मैं भी किसी का भाई हूँ और अगर आस-पास का माहौल देखकर सोच रही हो कि कुछ गलत इरादा था मेरा, तो ये जान लो कि मेरे लिए भी ये नया है। वो लड़के तुम पर कमेन्ट कर रहे थे इसलिए गुस्सा आ गया। ये सब छिछोरी हरकतें मुझे बर्दाश्त नहीं हैं। तुम आराम से बाइक पर बैठो, मैं तुम्हें ऑटो तक छोड़ दूँगा। एण्ड आई ऍम वेरी सॉरी, मेरी वजह से तुम्हें इतनी परेशानी हुई।"

मैं चुपचाप बाइक पर बैठ गई और उसने मुझे ऑटो में बैठा दिया। पूरा रास्ता कब ख़त्म हुआ पता ही नहीं चला। जैसे ही मेरी दोस्त दिखी, उसके गले लग कर इतना रोई कि मानो एक सैलाब सा टूट गया हो। दिल के टूटने पर इतना दर्द होता है, ये पता नहीं था। और उस दिन तो लगा मानो सारे टूटे हुए टुकड़े वापस आकर मुझे ही चोट दे रहे थे। क्या है ये और क्यूँ? बचपन से हमने यही देखा और सुना था कि हर लड़का गलत है; उसकी सोच, उसके इरादे सब गलत। हमें हमेशा लड़कों से सतर्क और सावधान रहना चाहिए। पर किसी ने ये कभी नहीं बताया था कि उनकी भी भावनाएँ हैं, उनकी भी मर्यादा है, वो भी डरते हैं, हिचकते हैं, और आदर्श भी मानते हैं। उनके डर, उनकी हिचक, उनके उसूल सब हमारी तरह ही हैं। वह रात और अगली कई रातें सिर्फ फ़ोन के इंतज़ार में कट गईं, लेकिन कोई फ़ोन नहीं आया।

दिन बीतते गए, कॉलेज वापस या गए। वही दोस्ती, पढ़ाई, सब चल रहा था पर कुछ तो था जो दर्द कर रहा था। कुछ तो था जो छूट रहा था, लेकिन क्या। प्यार तो हमें था नहीं, फिर ये क्या था। पता नहीं।

प्यार तो होना ही था

हर दिन जैसे इंतज़ार बन गया था; फ़ोन का इंतज़ार, पत्र का इंतज़ार, मिलने का इंतज़ार। पर हर दिन, इंतज़ार से शुरू होकर इंतज़ार करते-करते ही ख़त्म हो रहा था। दोस्तों ने सलाह दी कि, "भूल जाओ।" दिमाग भी यही कह रहा था लेकिन दिल पर भी किसी का ज़ोर चला है भला, जो हमारा चलता।

लगभग एक महीना बीत गया था। सेकंड ईयर में आकर हॉस्टल के नए कमरे अलोट हुए थे। सीनियर भी अब दोस्तों की तरह लगने लगे थे। साथ में रोना-हँसना, सुख-दुःख, त्यौहार। ज़िंदगी जैसे भाग रही थी पर दिल का कोई कोना अभी भी खाली सा था। कुछ तो अधूरा था, कुछ अनकहा रह गया था; जैसे पक्की दोस्ती, पक्की वाली यारी, एक साथ रोना, एक साथ हँसना एक साथ सज़ा और एक साथ कॉम्पिटिशंस, असाइनमेंट्स सब कुछ साथ-साथ। सुबह मैगी वाली दोस्ती और शाम को ब्लैक कॉफी

वाली दोस्ती से दिल और दिमाग मजबूत हो रहे थे। ऐसे ही एक संडे को अनाउंसमेंट हुई कि, "मेरे लिए विजिटर आया है।" दिल इतनी ज़ोर-ज़ोर से धड़क रहा था कि क्या बताऊँ और चेहरे पर एक मुस्कान परमानेंटली चिपक गई थी। समझ नहीं आ रहा था क्या करूँ? सभी दोस्तों ने, बनावटी गुस्से में, ज़ोर से डांटा, "टाइम मत वेस्ट करो, जल्दी जाओ।"

लगभग दौड़ते हुए कदमों से एँट्री रूम में पहुँचे। रूम में पहुँचकर उड़ते हुए कदम थम से गए। सीनियर ने मुस्कुराकर देखा, आँख मारी। जैसे ही उसे देखा हम शर्म से लाल हो गए और आँखों की लाली दिल में उतर गई। हम चुपचाप वहीं पड़े एक सोफे पर बैठ गए। इतना कुछ कहना था पर ज़बान तो तालू से चिपक कर रह गई थी, कुछ सूझ ही नहीं रहा था।

उसने ही कहा, "एक ग्लास पानी मिलेगा?"

हे भगवान! इतनी दूर से आया है और मैंने पानी तक नहीं पूछा। दौड़कर एक गिलास में पानी लेकर आए। उसने पानी पिया और थोड़ी देर इधर-उधर की बातें करके, वो जाने के लिये खड़ा हो गया।

उफ़्फ़! वो तो जा रहा है और मैंने तो कुछ कहा ही नहीं। मुझे तो बहुत कुछ कहना था, सुनना था पर वो सब कुछ सिर्फ 10 मिनट की मुलाकात में। लेकिन उसने चलते समय एक पर्ची मेरे

हाथ में थमा दी। 10 महीनों के इंतज़ार की सारी बातें कैसे कहते हैं, उनके लिए जज़्बात तो हैं पर अल्फ़ाज़ कहाँ से लाएँ?

बड़ी देर बाद उस पर्ची पर ध्यान गया। खोल कर पढ़ा तो लिखा था, "तुम से नाराज़ रहूँगा तो ज़िंदगी से नाराज़ हो जाऊँगा, मुझसे मिलने आओगी संडे को?"

उफ़्फ़! पूरा फिल्मी लड़का है। संडे के इंतज़ार में सारी रातें जागते हुए कटीं और दिन संभल कर कि, कहीं कोई गलती ना हो जाए। आखिरकार बहुप्रतीक्षित संडे आ ही गया। मुझसे ज़्यादा एक्साइटमेंट तो मेरी दोस्तों को थी। किसी ने ड्रेस सेलेक्ट करी, किसी ने मेकअप किया, कोई सैंडल लेकर आया, तो कोई ज्वेलरी। सब अपने-अपने कमेन्ट और मशवरा दे रहे थे पर मेरा ध्यान तो सिर्फ जाने पर था। किसी और चीज में अब दिल लगा कर कोई फायदा ही नहीं था। बस मिलने जाना है। अपनी एक दोस्त को साथ लेकर पहुँचे तो वो बस स्टैन्ड पर ही खड़ा था। मेरा मेकअप, चूड़ी, काज़ल, हाई हील, सलवार सूट देख कर, उसके चेहरे के भाव अज़ीब से हो गए। वो खुश था, नाराज़ था या डिसअपोइनटेड, कुछ पता ही नहीं चल रहा था। मैंने सोचा कोई कॉम्प्लीमेंट देगा लेकिन धीरे से सिर्फ इतना बोला, "बहुत अलग लग रही हो।"

सारा उत्साह छूमंतर। इतना तैयार होना पूरा बर्बाद हो गया। हम दोनों जैसे ही उसके हॉस्टल में पहुँचे, उसके सभी दोस्त एक-एक करके मिलने आने लगे। मुझे आश्चर्य भी हो रहा था और

ख़ुशी भी क्यूँकि इससे पहले हम अकेले ही मिले थे। उसके दोस्तों से पहली बार मिल रही थी। उसके दोस्त ज़िद करने लगे कि, "मैं उसका कमरा देखूँ जा कर, पूरे हॉस्टल का सबसे अच्छा और साफ कमरा है वो।"

एक बैचलर लड़के के कमरे मैं ऐसा क्या होगा, पर मेरे मना करने के बावजूद पूरा ग्रुप मुझे साथ लेकर ऊपर पहुँचा तो उसका कमरा देखकर मुझे भी बहुत अच्छा लगा। मेरी अपेक्षाओं से कहीं ज़्यादा साफ और सज़ा हुआ। बहुत सारे टेडी बीयर रखे थे, हर साइज़ के। हँसी भी आई, लड़का होकर टेडी बीयर से खेलता है। पर, हर टेडी बीयर पर लिखा था; आई लव यू। हैं। ये क्या चल रहा है? पीछे मुड़ कर देखा तो उसके दोस्त जा चुके थे, वो अकेला ही खड़ा था। मैंने हँसकर पूछा, "इतने सारे टेडी बीयर? तुम्हें भी अच्छे लगते हैं क्या?"

पर वो काफी गंभीर सा खड़ा रहा और बोला, "नहीं, मुझे नहीं पसंद ज़्यादा, पर तुम्हें पसंद हैं, इसलिए खरीदे। पर कभी दिए नहीं।"

"पर दिए क्यूँ नहीं?" मैंने आश्चर्य से पूछा।

"आई लव यू एण्ड इट डजन्ट मैटर व्हेदर यू लव मी ऑर नोट, आई विल स्टिल लव यू।"

हँसी और गुस्सा दोनों आ रहे थे। ये प्रपोज़ल है या धमकी। पर मुँह से बस इतना ही निकला, "पहले नहीं कह सकते थे।" और शर्म से भागते हुए मैं कमरे से बाहर निकल गई।

मुड़ के देखा तो वो दिल पर हाथ रखकर, अपने कमरे के बाहर बैठा था और उसके दोस्त उसे बधाईयाँ दे रहे थे। मुझसे नज़र मिलते ही उसने बड़े फिल्मी अंदाज़ में अपने दिल पर हाथ रखा और जोर से आँख मारी। पूरा फिल्मी।

मैं लगभग भागते हुए बस स्टैन्ड तक पहुँची, जहाँ मेरी दोस्त पहले से खड़ी थी। हम जल्दी से बस में बैठ गए लेकिन तब तक वो भी आ गया। तेज बारिश शुरू हो चुकी थी, वो पूरी तरह से भीगा हुआ था और बस के अंदर आकर मेरा हाथ पकड़कर बोला, "मेरा इंतज़ार करना, मैं संडे को आऊँगा।"

मेरी दोस्त, हम दोनों को आश्चर्य से देख रही थी और मैं एकदम चुप। सारे रास्ते, मेरी दोस्त मुझसे सवाल पर सवाल करती रही, पर मुझे तो सिर्फ चारों तरफ वायलिन की धुन और रोमांटिक गाने ही सुनाई दे रहे थे।

हमको सिर्फ तुमसे प्यार है

जब आप प्यार में होते हैं तो हर दिन नया और हर रात जैसे हसीन, चमकती हुई सी लगती है। ज़िंदगी बदस्तूर भाग रही थी; वही पढ़ाई, वही गेम्स, वही डांट, वही एग्ज़ाम, वही दोस्त। पर फिर भी सब कुछ नया था, सब कुछ थोड़ा ज़्यादा सुहाना था। होंठों पर एक मुस्कान चिपकी रहती थी, जैसे फेविकोल लगाया गया हो। डांट, सज़ा, पनिश्मेन्ट; पर, हर चीज अब कम दुःख देती थी। इतने लेटर्स लिखे कि कॉलेज की हर नोटबुक, हर रजिस्टर लैटरपैड बन गए। हर पीरियड लेटर लिखने का मौका। हर बात, लेटर लिखने की वजह। चाहे छोटी हो या बड़ी, पर हर बात लिखना जरूरी था। दिल में अपने आप जल तरंग से बजते हैं, हर फूल कुछ ज़्यादा खुशबूवाला लगता है और 24 घंटे आपको इंद्रधनुष दिखता है। कुछ यही हाल मेरा भी था, हर तरफ सिर्फ प्यार ही प्यार।

दिन, हफ्ते, महीने तेज़ी से बीत रहे थे। हम लगभग हर संडे को मिलते और एक संडे से दूसरे संडे के बीच पत्र लिखते, शायद यही प्यार था। ना मोबाईल, ना व्हाट्सएप। बस दिल और उसकी हर धड़कन में आशिक का नाम। हा... हा... हा... मैं भी उसके प्यार में पूरी फिल्मी हो रही थी। हमारी मिलने की सबसे पसंदीदा जगह थी एक पहाड़ पर बना हुआ मंदिर। वहाँ जा कर उसके पार्क की बेंच पर लेटकर हम इधर-उधर की बातें करते, भुट्टे खाते, गाने गाते और फिर हाथ में हाथ डालकर उसकी सीढ़ियाँ उतरकर वापस आ जाते। वो मुझे छोड़ने कॉलेज तक आता और फिर अपने कॉलेज वापस चला जाता। हर बार हम यही रूटीन अपनाते।

एक दिन सब कुछ वैसा ही हुआ, पर अचानक बारिश में भीगते हुए, उसे ना जाने क्या हुआ कि उसने अचानक मुझे किस करने की कोशिश करी। मैंने, उसके गाल पर एक जोर का थप्पड़ लगा दिया। उस थप्पड़ की गूँज से आस-पास बैठे लोग हमें देखने लगे और वो तो एकदम आश्चर्य से मेरी ओर देख रहा था। मेरी आँखों में न जाने क्यूँ आँसू आ गए और कुछ समझ नहीं आ रहा था कि मैंने ऐसा क्यूँ और कैसे कर दिया।

वो गुस्से में अचानक उठ कर चल गया, मैं बहुत देर तक चुपचाप वहीं बैठी रही, मेरे आँसू रुक ही नहीं रहे थे। शाम ढलते देखकर आस-पास बैठे लोग जाने लगे तो मैं भी सीढ़ियों से नीचे

उतरने लगी। मुझे पूरा यकीन था कि वो अब तक चला गया होगा। काफी इन्सल्ट हो गई थी उसकी। बड़े ही बोझिल कदमों से मैं सीढ़ियाँ उतर रही थी, तभी भुट्टेवाली ने आवाज दी, "अरे बिटिया, भैया कब से यहाँ बैठे हैं। आज भुट्टा भी नहीं खाया, इत्ती देर से तुम्हारा इंतज़ार कर रहे हैं।"

मैंने मुड़कर देखा तो वो वहीं बैठा था और मुझे देखते ही मुझसे आगे आगे चलने लगा। मैं दौड़ते हुए उसके पास पहुँची पर, वो बिना कुछ बोले एक ऑटो बुला कर ले लाया और हम दोनों उसमें बैठे और ऑटो चल दिया। पूरे रास्ते हमने एक-दूसरे से कुछ नहीं कहा, कुछ भी नहीं। अपने कॉलेज पर मैं उतर गई और वो अपने रास्ते चला गया। उसने ना बाय की और ना ही मुड़ कर देखा।

हॉस्टल पहुँच कर मैं बहुत देर तक रोती रही लेकिन ये फिर भी समझ नहीं आ रहा था कि गलती किसकी थी? या शायद हम दोनों एक-दूसरे को समझ ही नहीं पाए। या शायद सब यही करते हैं, बस मुझे कुछ अनुभव नहीं। बचपन से हमारी परवरिश हमें यही सिखाती है कि चुंबन, आलिंगन या किसी भी तरह का प्यार दिखाने का तरीका गलत है। हमें प्यार-मोहब्बत छुप कर करनी है, चाहे आप शादीशुदा हों या नहीं। घरों में आज भी माँ-बाप, बच्चों के सामने, एक-दूसरे को गले नहीं लगाते हैं, या कभी सेक्स एजुकेशन जैसी बातें नहीं करते और अगर कोई ऐसी

कोशिश करे तो उसे अभद्र माना जाता है। यही हमारी नैतिकता का क्राइटेरिया है और यही हमारी सोच है। जब यही सीख है तो ऐसा ही रिएक्शन होगा।

हमारे बीच कई दिनों तक बातचीत बंद रही। उसका मेल इगो आहत था और हम सकते में थे। कई दिनों के बाद एक पत्र आया जिसमें उसने लिखा था कि, "उससे गलती हो गई, उसके इरादे गलत नहीं थे। उसने और उसके दोस्तों ने यही समझा था कि ये तो आम बात है और लड़कियों को इससे कोई परेशानी नहीं होती है। माचो दिखने के लिए और लड़कियों को पटाने के लिए तो ये सबसे ज़्यादा जरूरी है। पर, मुझे ये पसंद नहीं तो वो तब तक ऐसा नहीं करेगा जब तक मैं इसके लिए तैयार नहीं हो जाऊँगी।"

उसका पत्र पढ़कर दिल में उसके लिए प्यार के साथ इज़्ज़त भी बढ़ गई। हम लड़कियों को शुरू से "मर्द ही गलत हैं" का पाठ इतना पढ़ाया जाता है कि लगता है पूरी दुनिया में अगर कुछ भी गलत हो रहा है तो मर्द ही जिम्मेदार होंगे। घर में माँ, बुआ, मौसी, बहन सब यही बताते हैं कि, "कैसे उनके पतियों ने उनकी ज़िंदगी नरक बना रखी है। बाहर निकलो तो कपड़ें, चाल ढाल, हँसना, बातें, हाव भाव तक ये सोच कर बनाने होते हैं कि लड़के क्या सोचेंगे हमारे बारे में या उनका रिएक्शन कैसा होगा?"

और ये तो सर्वव्यापी ज्ञान है कि, लड़के, हम लड़कियों को कभी कुछ नहीं समझते। ऐसे में उसका पत्र पढ़कर लगा कि

हमारी सोच कितनी गलत है। उन्हें भी वही सारी दिक्कतें हैं, जो हमें होती हैं। उन्हें भी समाज के द्वारा तय किये हुए मापदंडों पर चलना पसंद हो या नहीं, पर उसपे चलना उनकी भी मजबूरी है।

खैर हमारी गाड़ी फिर पटरी पर आ गई थी। हमारी मुलाकातें, प्यार, मोहब्बत के इज़हार और पत्रों का सिलसिला बढ़ता ही जा रहा था। और हम दोनों आकाश में उड़ रहे थे।

प्यार का दर्द है, मीठा मीठा प्यार प्यारा

उसकी पढ़ाई ख़त्म होने वाली थी और उसे आगे की पढ़ाई के लिए बाहर जाना था। हमें पता था, पर दिल की कोई तैयारी नहीं थी। और जब वो दिन आ गया तो समझ नहीं आया कि कैसे रियेक्ट करें? आख़िरी दिन पार्टी भी थी उनके कॉलेज में, लेकिन हमारे कॉलेज से हमको निकलना मना था, इसलिए मिल ही नहीं पाए। परीक्षा का बोझ हमारे सर पर भी था, इसलिए पत्रों का सिलसिला भी कम हो गया, उसे भी जाने की तैयारी करनी थी।

लाख चाहने के बावजूद हम उन दिनों बहुत ही कम मिल पा रहे थे। ऐसे में 'टाइटैनिक' थिएटर में लग गई और हंगामा मच गया; प्यार का नाम सिर्फ पाना ही नहीं खोना भी है और मर के आपका प्यार अमर हो सकता है। ऐसे सब ख्याल दिमाग में चलने लगे। हमने भी 'टाइटैनिक' देख कर, हाथ पकड़ कर काफी आँसू बहाए, लेकिन प्यार के दर्द का एहसास होना अभी बाकी था। और

आखिर वो दिन भी आ गया, बड़ी मुश्किल से, जुगाड़ करके रेलवे स्टेशन पहुँचे। मेरी सहेलियाँ भी साथ थीं।

सुबह से दिल में कुछ हो रहा था, लेकिन पता नहीं क्या और क्यूँ था। वो प्लेटफॉर्म पर ही खड़ा था। इधर-उधर की बातें करके हम प्लेटफॉर्म पर खड़े बाकी लोगों को निहारने लगे। उसके कॉलेज के सभी लोग बहुत खुश लग रहे थे। हरी बत्ती होने ही वाली थी, अचानक उसने मेरा हाथ पकड़ लिया और बोला, “मेरा इंतज़ार करोगी ना? मैं शादी करना चाहता हूँ तुमसे। मेरा इंतज़ार करना और रोज पत्र लिखना।“

मेरे कुछ भी कहने के पहले, हरी बत्ती हो गई और उसके दोस्त चिल्लाने लगे और वो दौड़ता हुआ ट्रेन में चढ़ गया। मैं बड़ी देर तक हाथ हिलाते हुए प्लेटफॉर्म पर खड़ी रही। मेरे दोस्तों की आवाज से मैं वापस धरती पर आई, सभी मुझे छेड़ रही थीं, “शादी! हाँ...हाँ... ये तो बहुत सीरियस मामला है।“

ट्रेन चली गई, प्लेटफॉर्म एकदम खाली हो गया था, लेकिन प्लेटफॉर्म के साथ, दिल भी बिल्कुल खाली हो गया था। वो एक अज़ीब सा एहसास होता है ना कि आप दुखी हैं, पर क्यूँ दुखी हैं, ये आपको भी पता नहीं होता। आप हर काम, हर दिन, नियमित रूप से करते हैं, पर क्यूँ कर रहे हैं, आपको पता ही नहीं होता। सबके साथ आप हँस रहे हैं, घूम रहे हैं, सैर सपाटा, पिक्चर देख रहे हैं, पर फिर रात में बिना किसी बात के रोते रहते हैं। दिन, महीने बीतते

जाते हैं, पर दर्द कम नहीं होता। और तब एक दिन आपको अचानक पता चलता है कि आपको किसी एक इंसान से बेइंतहा प्यार हो गया है, और अब से आपकी हर ख़ुशी, हर दुःख का कारण वही होगा।

कई पत्र लिखे पर कोई जवाब ही नहीं आया। कई बार जाकर पोस्ट ऑफिस वालों से बहस करी लेकिन कोई पत्र नहीं आया। दिल में कई तरह के ख्याल आ रहे थे। शायद ये मौसमी प्यार का बुखार था, जो जगह बदलते ही गायब हो गया। या शायद हम ही ऐसी जगह दिल लगा आए जहाँ से वफ़ा की उम्मीद लगाना मुनासिब नहीं थी। हर गलत बात सोच ली, हर तरह के गलत ख्याल मन में पाल लिए और महीनों आँसू बहाते घूमते रहे।

एक दिन अचानक उसका एक दोस्त मिल गया, वो देखते ही मुझ पर बरस पड़ा कि, “मैंने उसके दोस्त का दिल दुखाया है। मेरी याद में वो इतना परेशान है और मैं आराम से अपनी ज़िंदगी इन्जॉय कर रही हूँ।“

इतनी फटकार सुनकर मेरे तो आँसू निकल गए। किसी तरह सिसकते हुए मैंने उसे बताया कि, “दरअसल उसके दोस्त ने मुझे धोखा दिया है। ना तो वो मेरे पत्रों का कोई जवाब दे रहा है, ना उसका कुछ भी पता चल रहा है।“

ये सुनकर वो भी आश्चर्य में पड़ गया क्यूँकि उसके हिसाब से यही शिकायत वो भी कर रहा था। काफी कन्फ़्युजन के बाद पता चला कि जिस पते पर मैं इतने दिनों से पत्र लिख रही थी, वो पता ही गलत था। और वो ये सोचकर नहीं लिख रहा था कि शायद मैंने उसे भुला दिया है और अपनी ज़िंदगी में आगे बढ़ गई हूँ। सही पता लेकर अपना पूरा दर्द और जज़्बात सब पत्र में निकाल कर रख दिए। जवाब भी उतना ही भावनात्मक आया, हम दोनों ही गलतफहमी का शिकार थे। एक-दूसरे को खोने के डर से परेशान थे, पर उस डर का इलाज नहीं ढूँढ पा रहे थे। आज तक इसलिए मैं मोबाइल फ़ोन के आविष्कारक को दिल से दुआ देती हूँ, चाहे उसने किसी की ज़िंदगी पर जो भी असर डाला हो पर हम जैसे दूर रहने वाले आशिकों को तो जैसे नई सांसें दिला दी हैं। दिल की हर बात को कहने का साधन और वो भी जब चाहें तब। खैर उस समय तक तो इसका नाम भी नहीं पता था।

खैर हमारी गाड़ी दोबारा पटरी पर आ गई थी। फिर वही लंबे-लंबे पत्र, आर्चीज के ग्रीटिंग कार्ड, पत्रों पर किस के निशान। हर समय बस एक ही धुन सवार रहती थी, पत्र लिखना और जवाब का इंतज़ार करना।

मेरी पढ़ाई भी ज़ोरों पर थी। पढ़ाई, एग्ज़ाम और काम्पिटिशन; बस ज़िंदगी उसी के सहारे घूम रही थी। इन सब के बीच एक दिन, एक पत्र आया जिसमें लिखा था कि, "किसी लड़के

को मुझसे प्यार हो गया है, और वो हर हाल में मुझसे ही शादी करेगा। वो यह भी जानता है कि मेरा कोई बॉयफ्रेंड है और वो उसको भी देख लेगा।"

पत्र आते ही हंगामा मच गया। दोस्तों ने घेर लिया। सबने हज़ार तरह के अंदाज़ लगा लिए, लेकिन आज तक भी उस लड़के का नाम पता नहीं चला। इन छोटे-मोटे हादसों के बीच, उसकी नौकरी लग गई और वो दूसरे शहर चला गया। लगभग 6 महीने बाद मेरी भी नौकरी लग गयी और मैं देश की राजधानी दिल्ली पहुँच गई। हम दोनों खुश थे क्यूँकि उसकी नौकरी भी पास के शहर में ही थी इसलिए मिलने का सिलसिला भी ज़ोरों पर था। छुप-छुप के मिलने का मज़ा अलग है पर खुल्लम खुल्ला प्यार करने का जोश भी बहुत मजे देता है। तो अब हमें घर, समाज, दुनिया, किसी की फ़िक्र नहीं थी। हमारा जब मन करता हम एक-दूसरे के शहर जाकर मिल लेते। काफी सावधानी के बावजूद भी, घर वालों को शक होने लगा था। हम दोनों के घर वाले हमसे अक्सर सवाल करते और हम एक ही जवाब देते कि, सिर्फ दोस्ती है और कुछ नहीं।

पर ये जवाब सुन कर, अब वो लोग पहले की तरह हमसे सवाल पूछना बंद नहीं करते, बल्कि सवालों का अंदाज़ बदल देते थे। हमने सोच लिया था कि अगली छुट्टियों में पक्का अपने-अपने घर पर सब बता देंगे। उन दिनों प्यार में पड़ना आसान था पर प्यार

के दायरे भी होते थे और उन्हें पार करना आसान नहीं था। हमें कोई देख नहीं रहा था, ना कोई टोकने वाला था पर हमारे दायरे भी थे, इच्छाएँ और अपेक्षाएँ भी थीं। ना उसने कभी कोई शिकायत करी ना हमने इस बारे में कभी सोचा। हाँ, हम सिर्फ एक-दूसरे का हाथ पकड़कर साथ घूमकर या बातें करके या साथ खाना खा कर भी काफी खुश रहते थे।

बड़े अच्छे लगते हैं

हम हर छुट्टी में सबसे छुपकर मिलते रहते थे। इस बीच उसका एक कोर्स आ गया और उसे जाना पड़ा। मैंने भी उसे सरप्राइज़ करने के नाम पर वहाँ जाने की सोची, उसे बिना बताए। दोस्तों ने सलाह दी, पहले मना किया, फिर मदद भी की, क्यूँकि अब वो भी समझ चुके थे कि मुझे समझाना बहुत मुश्किल है। आखिरकार हम वहाँ पहुँच ही गए, जहाँ वो कोर्स कर रहा था। रेलवे स्टेशन से उसको फ़ोन किया कि हम पहुँच चुके हैं। उसकी आवाज में ख़ुशी से ज़्यादा चिंता थी। पर, हम, अब तो पहुँच चुके थे इसलिए शान से उसके कॉलेज भी पहुँच गए। काफी देर इंतज़ार करने के बाद वो आया तो पर बड़े ही फॉर्मल ढंग से मिला, और पूरे समय इधर-उधर देख रहा था, जैसे कोई चोरी कर रहा हो।

उसकी हरकत पर मुझे तो बहुत गुस्सा आ रहा था। एक तो इन जनाब के लिए सारे बंधन तोड़कर मिलने आए हैं, लेकिन

इनको ना कोई ख़ुशी हुई है, ना कोई उत्साह। खैर, हमें एक गेस्ट रूम में छोड़ कर, जनाब ऐसे गायब हुए, जैसे गधे के सर से सींग। पूरा दिन बीत गया, पूरी शाम बीत गई, पर कोई पता नहीं। मन तो कर रहा था, सामान उठा कर वापस चली जाऊँ। पर, दोस्तों को क्या मुँह दिखाते? इसलिए यूँ ही इंतज़ार करते रहे। दिल में सोच लिया था, चाहे कुछ भी हो जाए, अब कभी कोई प्लान नहीं बनाऊँगी, सौ बार मिन्नतें करेगा तब भी नहीं। रात के 8 बज चुके थे। खाना वगैरह समय-समय पर आ रहा था। बीच-बीच में उसके दोस्त भी आ कर मिल रहे थे, लेकिन जिनके लिए इतने पापड़ बेल कर हम यहाँ आए थे, वो जनाब नदारद थे।

लड़कों की दोस्ती की इंतेहा भी पता चल रही थी उस दिन। हर लड़का एक नया बहाना बता कर जाता और हर बार साथ में कुछ खाने का सामान भी दे जाता। हर बार नया बहाना उसके ना आने का- जैसे कि बीमार है... काम कर रहा है... सीनियर ने रोक रखा है... बस आने ही वाला है। हँसी भी आ रही थी और उनके बीच में कोऑर्डिनेशन और प्रैक्टिस नहीं थी बहाने मारने की, ये साफ-साफ पता चल रहा था। खैर रात के 9 बज गए थे और हम खा पी कर अगले दिन की ट्रेन का टिकट करवाने की प्लैनिंग कर रहे थे। उन दिनों एप या इंटरनेट पर ट्रेन का टिकट करने जैसे सुविधा नहीं थी, कि सोचा और हो गया। तभी, दरवाजे पर धीरे से दस्तक हुई।

मैंने बड़े गुस्से में दरवाजा खोला, फिर कोई उसका दोस्त होगा, नए बहाने के साथ। सामने वो मुस्कुराता हुआ खड़ा था। कोई तमाशा ना हो इसलिए खुद को शांत रखते हुए मैंने अंदर आने को कह दिया। अंदर आते ही सबसे पहले मुझे बाहों में भरने की कोशिश करते हुए जनाब को लगा कि ये शाहरुख वाली अदाओं से मेरा गुस्सा कुछ कम हो जाएगा, पर उस समय मुझे वो शाहरुख कम और शक्ति कपूर ज़्यादा लग रहा था।

मैंने गुस्से से पूछा, "अभी इतना रोमांस और पहले तो भागते फिर रहे थे।"

उसने मुस्कुराते हुए मुझे पकड़ कर आराम से बैठाया और बोला, "एक तो तुमने सरप्राइज़ के नाम पर मेरी जान निकाल दी, उस पर तुम्हारा और मेरा रिश्ता मैंने 'कजिन' लिखवाया है। अब कजिन के कमरे में पूरा दिन बिताऊँगा तो सबको शक हो जाएगा, इसलिए तो खुद नहीं आया लेकिन अपने सारे दोस्तों को तुम्हारी देखभाल के लिए लगा रखा था। और खुद अपने काम के साथ उनके काम भी कर रहा था, इसलिए कैसे आता? मैं नहीं चाहता था कि मेरी वजह से तुम्हारी कोई बदनामी हो। मैं जानता हूँ, तुम मेरे लिए इतना बड़ा कदम उठा कर यहाँ तक आई हो, लेकिन तुम्हें कोई कुछ कहे, ये तो मैं बर्दाश्त नहीं कर सकता हूँ ना। अगर फिर भी तुम्हें बुरा लगा रहा है तो मैं चला जाता हूँ।"

वो जाता उसके पहले मैंने भाग कर उसे गले लगा लिया। मन में सोच रही थी, “कहाँ था अभी तक ये?” और शुक्र है भगवान का जो ये मुझे मिल गया। जो मेरी ख़ुशी और मेरी इज़्ज़त के लिए मुझ से ज़्यादा सोच सकता है, उसके साथ मेरी ज़िंदगी कितनी महफूज और खुशहाल होगी। हँसते हुए, उसने मुझे अपनी बाहों में कसते हुए, शरारती होते हुए कहा, “वैसे कजिन को गले लगाने के अलावा कुछ और किया जा सकता है?“

मेरे नकली गुस्से पर उसकी हँसी निकल गई और हम एक-दूसरे का हाथ पकड़ कर बैठ गए और बातें करने लगे। वैसे, जब भी मैं कहती हूँ कि हम बातें कर रहे थे, तो, दरअसल हम बातें ही कर रहे थे क्यूँकि उन दिनों, इससे ज़्यादा हम ना सोचते थे ना चाहते थे। तीन दिन का समय कैसे बीत गया पता ही नहीं चला। उसने भी कई बहाने सोच लिए थे, जैसे कि, चश्मा छूट गया है, किताब छूट गई है या खाना देने जाना है। और सबकी नजरें बचाकर, और कभी खुल्लम-खुल्ला भी, हम रोज ज़्यादा से ज़्यादा समय साथ बिताते। दिल भी अज़ीब चीज है; जब खौफ़ में रहता है तब सही काम करने से भी डरता है और जब बिंदास होता है तब सही या गलत का कोई फ़र्क ही नहीं करता। सिर्फ वही करता है, जो उसका मन करे। अपनी पसंद पर मुझे प्यार तो था ही, अब नाज़ भी था।

तुम्हें हो ना हो... मुझको तो

ज़िंदगी में एक चीज तय है, अगर आपको प्यार हो जाए तो सोचने-समझने की शक्ति अपने आप ख़त्म होती जाती है। आप या तो सोच सकते हैं या प्यार कर सकते हैं। काफी बातें आपको देर से समझ में आती हैं और काफी बातों पर आप ध्यान ही नहीं देते हैं, क्यूँकि प्यार में पड़े लोगों के पास इतना समय ही नहीं होता कि वो दुनियादारी की बातों को समझ सकें या सोच सकें।

कुछ ऐसी ही हालत हमारी हो रही थी। पता नहीं कैसे लेकिन हमारी बॉस को पता चल गया था कि हम शहर से बाहर एक लड़के से मिलने गए थे। बिना शादी के सर्टिफिकेट और सामाजिक मंजूरी के एक लड़के से मिलने जाना बहुत बड़ा जुर्म है और इस जुर्म की सबसे बड़ी सज़ा है, ताने। मार या सज़ा से इतना दर्द नहीं होता, जितना तानों से होता है, वो भी जब हर दिन, हर समय सुनाए जाएँ। खैर उससे भी ज़्यादा डर इस बात का था कि

कहीं घर वालों को बता दिया तो शामत आ जाएगी। इसलिए हर ताने पर अगर आप थोड़े आँसू बहा दें तो ताने मारने वाला खुश और आप को थोड़े दिन बाद मुक्ति मिल जाती है। पर, ये बात तब पता नहीं थी। इसलिए हर ताने का हम जवाब देते रहते और अनजाने में ही, हर जवाब के साथ अपनी ज़िंदगी और दुश्वार बना रहे थे। ऐसे में, एक दिन उसने बातों में बताया कि वो हमारे शहर आ रहा है। अब, असली दिक्कत शुरू हुई। सुन कर जितनी ख़ुशी हुई उससे ज़्यादा डर लगा कि अब मिलने के लिये निकलेंगे कैसे? जनाब, तो अपने प्लान बताए जा रहे थे और हम परेशान कि, करें तो क्या करें? ऑफिशियली तो सारी कोशिशें करके देख लीं, अब तो बस चमत्कार ही कुछ कर सकता था।

आखिरकार, वो आ ही गया मिलने। हमने बड़ी ही गरम जोशी से उसका स्वागत किया लेकिन उसके बाहर जाने या घूमने के हर सुझाव को प्यार से टालते रहे। दोस्ती, या प्यार जितना पुराना हो जाता है आप एक-दूसरे को उतनी ही अच्छी तरह समझने लगते हैं। वो झट पहचान गया कि कुछ तो गड़बड़ है। उसके लाख पूछने पर मैंने बता ही दिया कि, मुझे क्या क्या सुनना पड़ा है।

गुस्से में वो सीधा मेरे बॉस के ऑफिस चला गया। मैंने लाख रोकने की कोशिश की लेकिन उस पर तो जैसे खून सवार था। दरवाजा खोलकर सीधा, मेरा हाथ पकड़े हुए, उनके कमरे में

घुस गया और बोला, “मैडम, हम एक-दूसरे से प्यार करते हैं और शादी भी करेंगे। पर तब तक मिलने के लिए हममें भगवान की मंजूरी भी नहीं चाहिए तो आप तो इंसान हैं। भविष्य में अगर आपको कुछ भी कहना हो तो ये मेरा फ़ोन नंबर है, आप मुझे जो चाहे सुना लीजिएगा, पर, आप इसे कुछ भी ना कहें। हमें मिलने से रोकना किसी के बस की बात नहीं है, आप भी कोशिश करके देख लीजिए।“

मैं सिर्फ चुपचाप खड़े होकर कभी उसे और कभी अपने बॉस की शक्ल देख रही थी। ऑफिस में तूफान के आने से पहले की सी शांति छा गई थी। मुझे पता था, उसके जाने के बाद, तूफान जरूर आएगा; तानों का, सज़ा का, काम का, लेकिन उस समय तो वो मेरा सुपर हीरो दिख रहा था।

अब, क्या होगा? इसने तो बोल दिया, पर परिणामस्वरुप हमें अब हॉस्टल से निकलने का मौका नहीं मिलेगा और ऊपर से घर पर बता देंगे तो, घर वालों को अलग झेलना पड़ेगा।

मैंने बाहर आकर तेज़ी से उसका हाथ झटक दिया, “बोलने के पहले कुछ सोचते नहीं हो क्या? हीरो बनकर बोल कर तो आ गए लेकिन सोचा है कि अब क्या होगा?” मेरा सारा जोश तो हवा हो गया था पर जनाब तो जोश की बूटी लेकर आए थे। लेकिन मैंने उसे इस कान्फिडेन्स के पूरे नंबर दिए, बेशक मन ही

मन। “अरे क्या होगा। बता तो दिया मैंने कि हमें मिलने से कोई रोक नहीं सकता।“

हा... हा... कितना कम आँका था इन्होंने हमारी बॉस को। अगले ही दिन से इस कांड के परिणाम आ गए। हमारी ड्यूटी बढ़ा दी गई, वो भी रात में, हॉस्टल से निकलने पर सख्त पाबंदी। आँखों में आँसू भर के हम भारी मन से उसको कोसते हुए ड्यूटी जाने को तैयार हो गए। गेट से बाहर निकलते हुए हमने देखा, जनाब सामने ही खड़े हैं, “चलो मेरे साथ, छोड़ दो ये नौकरी।“

वाह, वाह, ये नया प्लान था और कितना बढ़िया; नौकरी छोड़ दो, दुनिया छोड़ दो, परिवार छोड़ दो, बस मैं और तुम, हम दोनों अकेले एक अज्ञात टापू पर रहेंगे। बेवकूफ। मैंने गुस्से में लगभग चिल्लाते हुए बोला, “ये क्या कोई फिल्म है तुम्हारे हिसाब से कि मेरे परिवार, समाज, दुनिया, सब से लड़कर हम दोनों अमर प्यार की नई कहानी लिखेंगे। ना कुछ खाएँगे, ना कोई जिम्मेदारी पूरी करेंगे अपनी सिर्फ प्यार करेंगे। कभी सोचा है कि इस सब का परिणाम क्या होगा?”

उसका चेहरा भी गुस्से से लाल हो गया था, “तो क्या करूँ? कोई तुम्हें या मुझे कुछ भी कहता रहेगा? हर तरह के इल्जाम लगाएगा और मैं चुपचाप सुनता रहूँगा? मैडम, ये तो आप अपने दिमाग से निकाल दो। मैं ऐसा ही हूँ और तुम मुझे मुझसे ज़्यादा जानती हो, इसलिए अभी भी समय है, सोच लो। मैं खुद को

सबके हिसाब से बदल नहीं सकता। अगर, तुम्हें ठीक लगता है तो ठीक, वरना तुम देख लो।" जनाब, बोलकर अपनी बाइक पर निकल गए।

मैं बीच सड़क पर काफी देर खड़ी रही। ये क्या था? खैर, मुझे भी कोई जरूरत नहीं है, अपनी ज़िंदगी मुश्किल बनाने के लिए, इस लड़के की। जब तक ये मेरी ज़िंदगी में नहीं था कितनी अच्छी थी मेरी लाइफ। मैंने पक्का फैसला कर लिया था, बस अब सब ख़त्म। उसकी छुट्टियाँ ख़त्म हो गईं, वो वापस चले गए और हम एक-दूसरे से ना मिले, ना हमने कोई बात की। मेरे दोस्तों के लाख पूछने पर भी मैंने उन्हें कुछ नहीं बताया। कुछ बातें, बताने से ज़्यादा दर्द देती हैं, शायद इसलिए।

लगभग एक महीना बीत गया था, हमने एक-दूसरे से कोई बात नहीं की थी। घर वालों ने एक अंतिम प्रयास के तौर पर दो लड़के भी भेजे मिलने के लिए, कि, शायद उनकी बिटिया को कोई पसंद आ जाए और मैं शादी के बारे में कोई फैसला ले सकूँ। दोनों ही लड़के अच्छे थे, पर, लड़ाई के बावजूद हम किसी और के बारे में सोचने के लिए खुद को तैयार नहीं कर पा रहे थे। पत्रों का सिलसिला भी बंद हो गया था। तभी पता चला कि, वो कहीं दूर जा रहा है नौकरी के सिलसिले में। जिस जगह उसे जाना था, वहाँ के बारे में मैंने सुना था कि बहुत ठंड पड़ती है वहाँ पर और कम्युनिकेशन का कोई साधन भी नहीं है। इसका मतलब था कि,

अगर हम यूँ ही बिना बात किये एक-दूसरे को अलविदा कह देंगे तो शायद काफी समय तक हमें बात करने का या मिलने का मौका भी नहीं मिलेगा। बड़ा धर्मसंकट था, इगो को मनाते या अपने प्यार को। हमने, प्यार को ही मनाने का फैसला किया।

फ़ोन की पहली घंटी में ही उसने उठा लिया। यानी कि जनाब इंतज़ार ही कर रहे थे। लेकिन, अपनी मेल इगो के आगे झुक कर, मुझे फ़ोन तो कर नहीं सकते थे। अपनी इगो को साइड में रख कर हमने बड़े ही प्यार से बात करी। थोड़ी देर में ही हम पुराने बिछड़े हुए दोस्तों की तरह बात करने लगे। बढ़ते हुए फ़ोन बिल की, तो हम दोनों वैसे भी, परवाह कहाँ करते थे।

उसने बताया कि, "मेरे शहर से होकर ही वो अपनी नौकरी के लिए आगे जाएगा। अगर मुझे परेशानी ना हो तो वो क्या मुझसे मिलने आ सकता है? क्यूँकि वहाँ, ज्वाइन करने के बाद, शायद उसे काफी समय तक छुट्टी नहीं मिलेगी।" सुन कर सारा गुस्सा हवा की तरह निकल गया। वो जा रहा था और उससे मैं एक बार भी ना मिल पाऊँ, ऐसी कोई दीवार तो बनी नहीं है।

मैं एयरपोर्ट पर उसे मिलने के लिए गई। वो बाहर ही चहल कदमी कर रहा था। मैं जैसे ही ऑटो वाले को पैसे देकर मुड़ी, उसने मुझे गोद में उठा लिया। आजतक ऐसा पब्लिक डिस्प्ले ऑफ अफेक्शन या जिसे आजकल प्यार कहते हैं, उसने कभी दिखाया नहीं था। मैं खुद को संभाल नहीं पा रही थी और वो मुझे गोद से

उतार ही नहीं रहा था। उसके दोस्त वहाँ एयरपोर्ट के कॉरिडोर में खड़े होकर सीटियाँ मारने लगे। वहाँ खड़े सारे लोग हमें देख रहे थे और जनाब को कोई फ़र्क नहीं पड़ रहा था। मैंने शर्म के मारे, अपना चेहरा छुपा लिया। बड़ी देर बाद उसने मुझे गोद से उतारा।

जमीन पर पाँव पड़ते ही मैंने नकली गुस्से से उसको डांटते हुए कहा, "पूरे फिल्मी हो तुम।"

वो हँसने लगा और बोला, "अगर तुम फिल्मी हीरोइन की तरह साड़ी पहन कर, इतना इतराते हुए अपने हीरो को छोड़ने आओगी तो हीरो को भी तो कुछ फिल्मी करना पड़ेगा ना। वो भी तब, जब हीरो को पता है कि वो, अपनी हीरोइन से लंबे समय के लिए जुदा हो रहा है।" मुझे बाहों में भरकर उसने सबके सामने गाल पर किस भी कर दिया।

मेरे गालों को प्यार से खींचते हुए बोला, "अब ये सब यादें लेकर मैं आराम से अपने दिन काट लूँगा। उस दिन के इंतज़ार में, जब यही सब कुछ, मैं दोबारा कर पाऊँगा और तुम्हें देख पाऊँगा।"

उसके दोस्त, उसे बुलाने लगे क्यूँकि देर हो रही थी, इसलिए वो मुझे बाय बोल कर चल दिया। गेट तक पहुँचकर वापिस दौड़ कर आया और फिर मुझे किस करके चला गया।

पागल, क्या करूँ मैं इस लड़के का? इससे प्यार करना एक रोलर कोस्टर राइड जैसा है; जिसमें सारे भाव हैं, सुख, दुःख,

इंतज़ार, डर, मोहब्बत। लेकिन, प्यार का ये एहसास इतना स्ट्रांग था कि कोई बंदिश, कोई लॉजिक काम ही नहीं करता था उसके सामने। उसको जाता हुआ देखकर तब भी यही लगता था और हर बार यही लगा जैसे वो मेरी सारी सांसें अपने साथ ले जाता है, सिर्फ उतनी छोड़ कर जिनके सहारे मैं उसके अगली बार मिलने तक ज़िंदा रह सकूँ। ये प्यार है या जुनून, जो भी है, शायद इश्क़ इसी को कहते हैं; तगड़ा वाला, जानलेवा इश्क़।

जाते हो परदेस पिया, जाते ही ख़त लिखना

ख़त, फ़ोन सब बंद। कई दिनों तक कोई खबर नहीं थी उसकी। पता तो था, लेकिन फिर भी दर्द तो उतना ही हो रहा था। कई महीने निकल गए, कई पत्र लिखे, कुछ के जवाब आए लेकिन कुछ तो पता नहीं कहाँ गए? दीवानों की तरह हर दिन ख़त लिख कर हम पोस्ट बॉक्स में डालते रहे और हर दिन पोस्ट मैन से पूछते भी रहे कि कोई पत्र आया क्या? हमारी बेताबी पर वो भी बेचारा रोज हमें उतने ही प्यार से जवाब देता, "बिटिया जैसे ही कोई पत्र आएगा, तुम्हारे नाम का, हम खुद आकर देंगे।"

दिन कट रहे थे, नौकरी चल रही थी, दोस्तों के साथ महफ़िल भी लग रही थी पर हर समय जुदाई की धुन बजती रहती थी दिल में। और हर प्यार या आशिक़ी के सीन को देखकर आँसू निकल आते थे। ऐसे में, उसके चार पत्र भी आए, बहुत छोटे से; पर

हमने उनको ही कम से कम सौ बार पढ़ कर अपना समय काट लिया। हर एक ख़त में बस यही लिखा था कि, "जो मेरा हाल है, वही उसका है।"

दोस्तों ने दिल बहलाने की बड़ी कोशिशें करीं, लेकिन हमारा हाल तो बद से बद्तर होता जा रहा था। इश्क़ में हमेशा दोस्तों की भूमिका नजरंदाज कर दी जाती है, पर, किसी भी आशिक़ी को सफल करने में सबसे बड़ी भूमिका सिर्फ दोस्तों की होती है। ये वो लोग हैं जो आपके दिल के हाल को आपसे ज़्यादा समझते हैं। मिलन की ख़ुशी में वो दूर खड़े होकर अपनी ख़ुशी का इज़हार करते हैं और जुदाई के ग़म में आपको गले लगाकर आपके साथ रोते हैं। आपके हर गलत और सही काम में आपका साथ देते हैं। चाहे दीवार फाँदना हो या पत्रों को छुपाकर पोस्ट करना या मिलने के लिए छुपकर जाना और सबसे बड़ी बात वो कभी जज नहीं करते। क्या सही है, क्या गलत, आपको बताते हैं, पर उसे मानने की शर्त नहीं रखते और ना ही गलती हो जाने पर आपको दस बार ये जताते हैं कि, "उन्होंने पहले ही बताया था।" बल्कि आपके साथ खड़े होकर, उस गलती को सुधारने के सौ तरीके भी ढूँढते हैं और बताते हैं।

पूरे 6 महीने बीत गए थे। उन दिनों व्हाट्सएप्प जैसा कुछ भी नहीं था, ना कोई सोशल मीडिया कि हम एक-दूसरे को मैसेज करते रहें। इन 6 महीनों में उसके चार ख़त और फ़ोन पर चार बार

बातचीत; बस इतनी ही मुलाकातें रही थीं। फिर एक दिन अचानक फ़ोन आया कि वो आना वाला है, एयरपोर्ट पर मिलेगा और कुछ दिनों की छुट्टी भी मिल जाएगी शायद। बादलों पर सवार होकर मैने बड़ी मुश्किल से ये दिन काटे। सौ-सौ बार तारीख़ और समय चेक किया। 6 महीने का समय तो निकल गया था पर अब तो एक-एक दिन निकालना मुश्किल हो रहा था। बहुत सज धज कर पिया मिलन के लिए एयरपोर्ट पहुँचे तो बड़ी देर बाद एक कंबल में लपेटे हुए, दाढ़ी बढ़ी हुई और धंसी हुई आँखें लिए एक आदमी निकला। मैंने तुरंत मुँह घुमा लिया क्यूँकि मैं तो अपने सपनों के राजकुमार के पास आई थी, इस आदमी से मुझे क्या मतलब। वो, आकर मेरे पास खड़ा हो गया, बाहें फैला कर। उसकी इस हरकत पर मुझे गुस्सा तो बहुत आया, लेकिन, बड़ा जाना-पहचाना सा लग रहा था। ध्यान से देखा तो पता चला यही तो है मेरे सपनों का राजकुमार, जिससे मिलने के लिए मैंने कई रातें जाग कर काटीं। प्यार तो बहुत आया, पर इतनी गंदी हालत में गले लगाने का जरा मन नहीं था, दूर से ही प्यार की अभिव्यक्ति कर दी।

जनाब तो गले लगाने के लिए बेचैन थे, लेकिन हमने पहले गंतव्य पर पहुँच कर, नहा धो कर सामने आने की शर्त रख दी। कौन कहता है कि प्यार अंधा होता है? प्यार में शक्ल, सफाई, सूरत सबका ध्यान रखना भी जरूरी होता है।

कुछ ना कहो... कुछ भी ना कहो

मेरी दोस्तों ने मुझे हिदायत दी थी कि, दिन में मिल लो पर रात में रुकना मत। वैसे भी उसे तो ये सब पसंद भी नहीं है। हमने भी यही मन बना लिया था। शाम तक हम साथ ही थे। फिल्म देखी, खाना खाया और साथ घूमे। पर, उसे खांसी आ रही थी, और बदन दर्द भी हो रहा था। लेकिन उसकी ज़िद थी कि, "जितना समय है, हम साथ ही बिताएँगे, आराम करके वो समय बर्बाद नहीं कर सकता।"

रात में जब मैं वापस जाने लगी, तो उसने मुझे फिर से बाँहों में भर लिया। उसका शरीर मानो जल रहा था, बहुत तेज बुखार था उसे। मेरी दोस्त, मुझे लेने भी आ गई थी क्यूँकि मेरे पास कोई गाड़ी नहीं थी। उसे छोड़ कर जाने का मेरा जरा भी मन नहीं था, लेकिन मेरी दोस्त और उसकी ज़िद के आगे मुझे झुकना पड़ा।

मैं चुपचाप अपनी दोस्त की गाड़ी मैं बैठ गई। वो, काफी देर तक दरवाजे पर खड़ा होकर हाथ हिलाता रहा।

जैसे ही वो आँखों से ओझल हुआ, मैंने अपनी दोस्त की गाड़ी रुकवा दी और जल्दी से उतरकर, पैदल ही वापस चल दी। मेरी दोस्त गुस्सा करती रही पर मैंने अपने कदम नहीं रोके। मैं वापस उसके पास आ गई। अंदर आकर मैंने दरवाजा बंद कर दिया। “अब तुम किसी को कुछ भी बोलो, कजिन या बहन, पर, मैं अब यहाँ से नहीं जाऊँगी।“

वो मुस्कुराता हुआ कुर्सी पर बैठ कर मुझे देख रहा था, और धीरे से बोला, “मैंने तो तुम्हें जाने को कहा ही नहीं था।“

मेरी आँखों से आँसू निकल पड़े, “पर रुकने को भी तो नहीं कहा?”

उसने मुझे प्यार से अपने पास बैठा लिया और बोला, “क्यूँकि ये तुम्हारा फैसला होना चाहिए, जाना है या रुकना है।“

उसका बुखार और खांसी बहुत बढ़ गए थे। हम दोनों डॉक्टर के पास गए और दवा लेकर आए। रात भर मैंने उसके सर पर पट्टियाँ रखीं, समय पर दवाई खिलाई, पर बुखार तो कम ही नहीं हो रहा था। पता नहीं कब मेरी आँख लग गई और सुबह हम दोनों की आँखें एक साथ खुलीं। हम दोनों एक ही बिस्तर पर, एक-दूसरे के साथ लेटे थे। वो काफी बेहतर लग रहा था। उस दिन दिल

में ना कोई शर्म थी, ना शिकायत, ना डर। आज भी मुझे कोई मलाल नहीं और तब भी नहीं था। ना हमें एक-दूसरे से नज़र छुपाने की या शर्माने की कोई जरूरत पड़ी। गलत, सही की परिभाषा क्या है?

उस दिन हमने पूरी रात साथ गुजारी, एक-दूसरे के साथ। पर, सुबह ऐसा लग रहा था जैसे, यही होना था, यही हुआ। दिल में पूरा संतोष था। पूरे तीन दिन हम साथ ही रहे। हमारी मर्यादाएँ हमने खुद तय करीं और उनका पालन भी किया, लेकिन ना उनके बारे में किसी को बताया ना किसी की इज़ाज़त ली ना किसी की परवाह करी। जिस दिन उसे जाना था, उसके दोस्त उसे लेने आ गए। उनके आने के पहले ही मैं तैयार होकर बाहर आकर बैठ गई, जैसे, मैं अभी उससे मिलने ही आई हूँ। मेरे दोस्त भी आ गए थे।

हमने एक-दूसरे को गले लगाया तब लगा कितनी सारी बातें अनकही रह गईं। कितना कुछ और भी कहना था, कितना कुछ साथ में और भी करना था, कितना सुनना था लेकिन समय ही ख़त्म हो जाता है हर बार। हमने फिर एक बार एक-दूसरे को अलविदा कहा और अपने-अपने गंतव्य की तरफ बढ़ चले। लेकिन इस बार शायद हम थोड़ा ज़्यादा करीब थे एक-दूसरे के। थोड़ा और ज़्यादा पास आ गए थे हम। इससे पहले कि वो आँखों से ओझल होता, मैंने पहली बार, सबके सामने, जोर से चिल्ला कर कहा, “आई लव यू।“

उसकी गाड़ी अचानक रुक गई और वो गाड़ी से उतर कर दौड़ता हुआ बिल्कुल फिल्मी अंदाज़ में मेरे पास आ कर बोला, “एक बार और कह दो प्लीज।“

मैंने हँसते हुए उसे बाँहों में लेकर फिर कह दिया, “आई लव यू।“ पहली बार, मैंने इतनी हिम्मत दिखाई थी।

उसके दोस्त तो सीटियाँ बजा रहे थे पर मेरे दोस्त भी कुछ कम नहीं थे, तालियों की गूंज से उन्होंने भी पूरा समा बांध रखा था। हम दोनों बिना किसी की परवाह करे एक-दूसरे की बाँहों में थे। अब, लग रहा था जैसे सब कुछ कह दिया। उस दिन मुझे यकीन हो गया था और आज तक यकीन है कि, कहना जरूरी है। तब भी, जब हमें पता ना हो कि क्या कहें और तब भी जब हमें लगता है कि सामने वाले को सब कुछ पता है। हर रिश्ते में कभी-कभी कहना जरूरी होता है।

जब प्यार किया तो डरना क्या

समय तेजी से बीत रहा था और अब दूरी भी खलने लगी थी। उसकी पोस्टिंग हो गई दूर अरुणाचल प्रदेश में, इसलिए मिलना भी कम हो गया था। अब हमारे पास एक ही विकल्प था कि हम अपने-अपने परिवारों को सब बात बता दें और शादी के बारे में सोचें।

आखिर हिम्मत करके पहले मैंने अपने घर पर बताया। उम्मीद के मुताबिक एक झापड़ में सारे अरमान ख़त्म हो गए, परिवार ने सीधा न कर दी। अलग जाति, अलग संस्कार, अलग प्रदेश और फिर लव मैरिज, बिल्कुल नहीं। उसने तो अपने घर पर पत्र लिख कर ही पकड़ा दिया, मैं इस बात से अनजान थी कि उस पत्र में लिखा क्या है? वो पत्र पढ़कर उसके घर पर भी हंगामा हो गया। मैं अपनी छुट्टी ख़त्म करके वापस आ गई और हम एक-दूसरे को फ़ोन पर घर के हंगामे की रिपोर्ट देते रहे।

हम दोनों के घर में, हमारे सपोर्टर्स भी थे। मेरे घर में, मेरा भाई और उसके घर में उसकी बहन। वो दोनों हमें पल-पल की खबर देते और हम उस पर अपने रिएक्शन देते।

आज मुड़ के देखो तो लगता है, अपने माँ-बाप के साथ ज्यादती की थी उस समय, उन पर इतना बड़ा बॉम्ब फोड़ के। खुद तो हम इन सब से दूर अपनी आशिक़ी में मगन थे लेकिन समाज और रिश्तेदारों का सारा प्रेशर उनको अकेले ही झेलना पड़ रहा था। मेरे दिमाग में तो कोर्ट मैरिज के ख्याल भी आने लगे थे लेकिन वो बिल्कुल तैयार नहीं था। उसके हिसाब से, माँ-बाप के आशीर्वाद के बिना हम शादी में कभी खुश नहीं रहेंगे और हमारी आगे आने वाली पीढ़ी भी परिवार के प्यार से वंचित रह जाएगी। हमारे पास इंतज़ार के अलावा कोई रास्ता नहीं था।

हम, इंतज़ार करते रहे, बिना किसी बहस या सवाल के। इंतज़ार रंग लाया और हमारे घर वालों ने हमारे इरादों के आगे हार मान ली। हमें समझाने या मनाने के जब सारे रास्ते बंद हो गए तो उन्होंने हमारी बात मान ली और हमारी सगाई कर दी। सगाई भी इतनी अचानक हुई कि कुछ समझ पाते उसके पहले ही अंगूठी हमारे हाथ में पहना दी गई। आज भी याद है मुझे, वो सगाई की अंगूठी की नाप लेने आया था, पर घर पर कोई था नहीं। हम अपनी बातों में इतना खो गए कि वो नाप लेना ही भूल गया और घर जा कर कोई भी नाप दे दी अपने घर वालों को। लेकिन सगाई वाले

दिन अंगूठी एकदम फिट थी मुझे, जब मेरी एक दोस्त ने हँसते हुए पूछा, "जीजाजी, अंगूठी की नाप इतनी सही कैसे?" तो, उसने मेरी तरफ आँख मारते हुए कहा, "तुम्हारी दोस्त ने हाथ तो कब से दे रखा है मेरे हाथ में, नाप तो पता ही होगी ना।"

ना कोई शोर शराबा, ना पार्टी, ना दोस्त यार, ना रिश्तेदार, बड़े ही सादे से तरीके से घर में ही हमारी सगाई हो गई। सगाई के बाद बड़ी ऑफिशियल सी फ़ील आ रही थी। सब लोग बाहर निकल कर खड़े हुए थे तो उसकी बहन ने कहा, "भैया आपको बुला रहे हैं।"

मैं अंदर गई तो वो अपने कमरे में था। मैंने शरमाते हुए उसकी तरफ देखा तो उसने अचानक बाँहों में भरकर मुझे चूम लिया। इससे पहले कि मैं कोई रिएक्शन देती, वो जल्दी से दूर जाकर खड़ा हो गया और बड़ी मासूमियत से बोला, "देखो आज थप्पड़ मत मारना। अब तो तुम ऑफिशियली मेरी हो, इतना तो हक़ बनता है।"

मैं शर्माकर बाहर आ गई। इतने समय से हम साथ में हैं, लेकिन उसे देख कर शर्माना। ये वाला एहसास जरा नया था। पहले तो ऐसा कभी हुआ नहीं। जितने दिन हम छुट्टी पर रहे, हर दिन साथ बिताते, बिना छुपे या डरे, और हर रात घंटों बात करते फ़ोन पर बिना किसी की परवाह करे। शादी पूरे एक साल बाद होना तय हुई थी, जाड़ों में। लेकिन हमारे लिए एक-एक पल, एक-एक दिन

सौ सालों सा हो गया था। हम बहुत दूर थे, मिलना और बात करना दोनों बहुत मुश्किल हो रहा था, इसलिए शादी जल्दी करने के लिए घर पर दबाब डालने लगे। घर वालों को तो एक बारगी यहाँ तक लगने लगा कि हम शायद अपनी कोई गलती छुपाने के लिए जल्दी कर रहे हैं और शायद मैं प्रेग्नेन्ट हूँ। आज भी सोच कर इतनी हँसी आती है, घर वालों की इस सोच पर।

इस बीच उसकी तरफ के किसी रिश्तेदार की शादी का निमंत्रण मुझे भी मिला और मैंने आने के लिये हाँ कर दी। उसके घर वाले मुझे अपने रिश्तेदारों से मिलवाना चाहते थे। शादी के लिए हम अपने प्लान बनाने में व्यस्त हो गए। उसी समय नया मोबाइल नेटवर्क भी आया था और नोकिया के उस भारी भरकम फ़ोन ने तो जैसे नई जान ही डाल दी थी हमारे अंदर। हालाँकि इनकमिंग और आउटगोइंग दोनों के पैसे पड़ते थे लेकिन हम दूर बैठे हुए आशिकों के लिए तो वो जान से भी ज़्यादा प्यार था। एक-दूसरे की आवाज सुनकर इतनी ख़ुशी मिल जाती थी कि मानो एक साथ कई लाटरी लग गई हों। हालाँकि, बातों के बिल का भुगतान करने में हर महीने गरीबी में आटा गीला हो जाता था। पर ये इश्क़ जो ना कराए कम है।

खैर, उसकी छुट्टी मंजूर हो गई थी और उसके इंतज़ार में बिल्कुल तैयार बैठे थे। शादी में हमारा ध्यान लोगों और शादी पर कम एक-दूसरे पर ज़्यादा था। सारा वक़्त हम साथ ही बिता रहे थे,

यहाँ तक की साड़ी से लेकर ज्वेलरी तक उसकी पसंद की। वैसे घर पर अपनी इमेज़ उसने एक बहुत ही खड़ूस इंसान की बना रखी थी, लेकिन मेरे सामने तो ऐसा कतई नहीं था। घर वाले हैरान थे कि अचानक इतना सीरियस रहने वाला लड़का, शादी-ब्याह की मस्ती में इतना घुल मिल कैसे गया? उसकी छुट्टियाँ कम दिन की थीं और मैं उसके रिश्तेदारों के साथ ज़्यादा वक़्त बिता रही थी, इससे वो बहुत ही परेशान था। आखिर फेरों से पहले उसने मुझे कह ही दिया, "मैं शादी अटेन्ड करने से ज़्यादा तुमसे मिलने आया हूँ और तुम मुझसे ज़्यादा दिलचस्पी तो मेरे रिश्तेदारों में दिखा रही हो।"

उफ़्फ़ ये गुस्सा, रूठने पर तो और भी प्यार आता है। हर जगह उसी के तो रिश्तेदार थे, कहाँ तक बचते। फिर पहला इम्प्रेशन ही खराब हो गया तो एक और स्यापा। पर, उसकी बेचैनी का कोई जवाब ही नहीं। मैं उसकी इमेज़ ऊँची रखने की कोशिश कर रही थी और वो मुझसे ही नाराज़ घूम रहा था। कभी मुझे रोक लेता, कभी मेरे पीछे बैठकर कुछ बोलते रहता और कभी तो अचानक ही कहीं रास्ते में रोक कर मुझे चूम लेता। मैं जितना बचने की कोशिश करती उतना ही वो कहीं से भी प्रकट हो जाता। ये लुकाछिपी का गेम हमारे बीच चलता ही जा रहा था।

रात में ठंड पड़ रही थी और सारे फैशन की हवा खराब हो गई थी इसलिए शाल लेने के लिए मैं नीचे गई तो वो भी नीचे आ गया। अचानक से उसने दरवाजा बंद कर दिया, और बाँहों में

भरकर मुझे चूमने लगा। मेरा दिल बड़ी ज़ोरों से धड़क रहा था। ख़ुशी तो थी पर साथ ही डर भी था अगर कोई आ गया तो? पर उसके ऊपर तो जुनून सवार था। ऐसा लग रहा था जैसे आज ही पूरा प्यार, मुझ पर लुटा देगा। ना किसी का डर, ना किसी की परवाह। उसकी बाँहों में आकर, मेरा भी डर धीरे से निकल गया। मुझे पकड़ कर बोला, "अब लग रहा है कि तुमसे मिलने की हसरत पूरी हुई, अभी तक सिर्फ दूर से देख पा रहा था बस। मैं सिर्फ तुम्हारे लिये आया हूँ, और अगर तुम्हें ही ना ठीक से देख पाऊँ या छू पाऊँ तो क्या फायदा?"

उसके नाटकीय गुस्से को देख कर मेरी हँसी बरबस ही निकल गई। फिर वो मेरा हाथ अपने हाथों में लेकर, मेरी आँखों में देखते हुए बोला, "मैं बहुत दूर जा रहा हूँ। क्या तुम मेरे साथ दो दिन बिताओगी? अगर तुम्हें ऐतराज है तो मैं समझता हूँ, लेकिन अब और दूर नहीं रह सकता। तुम्हारे सामने मेरे सारे उसूल, सारे मोरल्स सब ख़त्म हो जाते हैं। मुझे नहीं पता था कि इतना प्यार भी कर सकता हूँ मैं किसी को। जहाँ मैं जा रहा हूँ अब, वहाँ से कब आऊँगा? आऊँगा या नहीं? कुछ पता नहीं, लेकिन मैं एक बार तुम्हें महसूस करना चाहता हूँ, तुम्हारे साथ, तुम्हें अपनी बाँहों में भरकर सोना चाहता हूँ। कल का मुझे पता नहीं, लेकिन आज मैं अपना पूरा वक़्त तुम्हारे साथ बिताना चाहता हूँ, अगर तुम्हें ऐतराज ना हो

तो मुझे कल मिलना। मैं जगह बता दूँगा, लेकिन जो तुम्हें ठीक लगे वही करना।“ ये कहक़र वो चला गया।

मैंने प्यार किया

सारे लोग अपने-अपने कामों में लगे हुए थे, पर, मेरी ज़िंदगी और समय दोनों ठहर गए थे। जो वो मुझसे मांग रहा था, क्या वो सही था? क्या मुझे भावनाओं में बह कर फैसला करना चाहिए? या प्रैक्टिकल हो कर सीधे ना कहना चाहिए। इस बात का मुझे यकीन था कि, मेरे हर फैसले पर वो मेरे साथ होगा और मेरा फैसला हाँ हो या ना हो, इसका हमारे रिश्ते पर कोई असर नहीं पड़ेगा। पर सही है क्या? ये समझ नहीं आ रहा था। जो दिल के हिसाब से सही था वो समाज और नैतिकता के हिसाब से सही नहीं था, और जो समाज के हिसाब से सही है वो दिल को पसंद नहीं था।

इसी उधेड़बुन में पूरी रात निकल गई, सुबह भी सारे काम यंत्रवत करते रहे। जैसे-जैसे शाम नजदीक आ रही थी, अज़ीब सा कुछ हो रहा था दिल में। शाम गहराने तक मैंने भगवान, परिवार

सबकी दुहाई दे दी दिल को, लेकिन दिल है कि मानता नहीं। आखिर, मैं तय की हुई जगह पर पहुँच ही गई जहाँ वो पहले से ही खड़ा था। हम होटल के अंदर गए, लेकिन बहुत ही झिझक लग रही थी। हम दोनों जो कभी एक-दूसरे के सामने शरमाये भी नहीं थे, आज एक-दूसरे की ओर देख भी नहीं रहे थे। पता नहीं, ऐसा लग रहा था जैसे दिल में कोई चोर है और एक-दूसरे के साथ सहज नहीं हो पा रहे थे। होटल के कमरे में जा कर भी एक-दूसरे को देख कर भी अनदेखा कर रहे थे। फालतू के काम निकाल कर खुद को बिजी दिखाने की कोशिश कर रहे थे।

आखिर हार कर, मैंने जोर से बोल ही दिया, "ये क्या कर रहे हैं हम? तुम्हें कुछ अज़ीब सा नहीं लग रहा?"

वो भी तपाक से बोला, "यही मैं भी सोच रहा हूँ। कुछ तो अज़ीब है। बहुत अनकम्फ़र्टेबल है ये सब।" और हम दोनों खुद ही जोर-जोर से हँसने लगे।

हमारी हँसी ने, हमारी बेचैनी, घबराहट सब दूर कर दी। हमने खाना मंगाया और आराम से पुराने दोस्तों की तरह मजे लेकर सारा खाना निपटाया और बातें करते हुए आराम से लेट गए। पूरी रात हमने बातें करते हुए या एक-दूसरे को परेशान करते हुए निकाल दी। कब हमें नींद आ गई, पता ही नहीं चला। सुबह उठी तो देखा वो पहले से ही उठा हुआ है और मुझे ही देख रहा था।

मैंने शर्माने का नाटक करते हुए बड़े प्यार से उसे देखा तो वो हँस पड़ा; शायद, बस यही चाहिये था मुझे, ये एहसास कि जब मैं अपनी आँखें खोलूँगा तब हर दिन सुबह तुम मेरे साथ होगी। बस, मुझे और कुछ नहीं चाहिए अब। हमारी शादी होने वाली थी, तैयारी जोरो-शोरों से हो रही थीं। घर पर माहौल कभी नरम, कभी गरम। पिताजी को कोई रिश्तेदार कुछ सुना देता तो माहौल गरम हो जाता या उसके परिवार में कोई कुछ बोल देता तो माहौल गरम वरना नरम। मेरा भाई और उसकी बहन हमें पल-पल की खबर देते रहते थे। हम इन सब से दूर अपनी दुनिया में मगन थे। अन्तर्जातीय शादी में, अगर लड़का-लड़की उसी शहर में रह रहे हैं, तब तो बड़ी मुसीबत है, पर, आप अगर दूसरे शहर में हैं तो सिर्फ घरवालों की मुसीबत है। हर रिश्तेदार एक नया पुराण निकाल कर शुरू हो जाता है। अपने प्यारे घरवाले, जिनको बड़ी मुश्किल से आपने समझाया होता है, अचानक दल बदल कर फिर आपके ख़िलाफ़ हो जाते हैं।

हमारे ऊपर इस दल-बदल का कोई खास फ़र्क नहीं पड़ रहा था क्यूँकि हम तो अपने शहर में थे ही नहीं। हाँ फ़ोन पर काफी सुना दिया जाता था, लेकिन इस सब की हमें कोई परवाह नहीं थी, जब तक हमारी शादी हो रही थी। मेरे शादी को लेकर ज़्यादा अरमान नहीं थे, बस हो जाए और मेरी पसंद के लड़के से हो जाए, इससे ज़्यादा की मुझे कोई चाह नहीं थी। गहनों, कपड़ों पर मैंने ज़्यादा कभी ध्यान नहीं दिया। सारा घर खरीदारी में मशरूफ़ था, हम सिर्फ सपने खरीदने में।

अपनी शादी के दिन अब नहीं दूर हैं

दोनों घरों में रिश्तेदार आ चुके थे। शादी का माहौल अलग ही होता है। शिकवे, शिकायतें, कहानियाँ, नाटक, नौटंकी, डांस, खाना और सबसे जरूरी होता है। कई रिश्तेदारों से हम सिर्फ शादियों में मिलते हैं और कई को हम सिर्फ शादियों में झेलते हैं। सारा घर इतना सज़ा हुआ और सुंदर लग रहा था कि पूछो मत। मैं भी छुट्टी लेकर अपने घर पहुँच गई थी। थोड़े ताने बीच-बीच में पड़ रहे थे लेकिन इन सब में दिल क्या करे? जनाब को अभी तक छुट्टी नहीं मिली थी। शादी में लगता है, मुझे पुराने जमाने की तरह तलवार या बंदूक के साथ फेरे लेकर संतोष करना पड़ेगा। मेरी दोस्त भी आ गई थीं और हर रस्म में मुझसे भी ज़्यादा बढ़-चढ़ कर शामिल हो रही थीं। मैं, रोज फ़ोन का इंतज़ार करती रहती लेकिन कोई फ़ोन नहीं आ रहा था। हर दिन मेरे दोस्त मुझे नई-नई वजह गिनाती रहतीं, फ़ोन ना आने की, पर अब तो मेरे दिमाग में भी

सिर्फ एक ही बात रह रह कर आती रहती कि, कहीं कुछ बुरा तो नहीं हुआ? कहीं वो देर तो नहीं कर देगा?

लेकिन शाम तक फ़ोन आ ही गया कि जनाब पहुँच चुके हैं। शादी की रस्मों में सबसे कठिन रस्म है कि शादी से पहले आपका मिलना-जुलना सब बंद हो जाता है। "शादी तो होने ही वाली है अब क्या मिलना?" यही दुहाई दे कर घर वाले आपको अलग-अलग रखते हैं। इस रस्म का औचित्य तो कभी समझ नहीं आया, पर अपने, पहले से नाराज़ घर वालों को एक और बहाना क्यूँ दें नाराज़ होने का? इसलिए हमने तो बात मान ली और चुपचाप बैठ गए। पर, जनाब ने तो बात मानना कभी सीखा ही नहीं था, अगले ही दिन घर आ गए मिलने। उनके घर वाले तो नाराज़ थे ही, मेरे घर वालों ने भी मुझे जम कर सुनाया कि ये सब क्या है? खैर किसी तरह समझा-बुझा कर वापस भेज दिया लेकिन रात में फ़ोन पर, मेरी दोस्त को, पैगाम आ गया कि, "मिल कर तो मैं रहूँगा, वो भी शादी के पहले हर दिन, जो करना है, जिसको कर ले।"

वाह क्या धमकी है! फिल्मों में इस तरह की बात सुनकर हीरो जितना मैचो लगता है, असली ज़िंदगी में उतना ही बेवकूफ। जब, चुप-चाप आसानी से सब कुछ हो रहा है तब जबरदस्ती का पंगा लेने की क्या जरूरत है? पर, शायद माचो मैन दिखाने का ये सबसे नायाब तरीका है क्या। वही करो जो सबने मना किया है।

हमने इन सब बातों से खुद को अलग किया और अपनी मेहंदी के कार्यक्रम पर फोकस किया। पता था कि ये सिर्फ कहने की बातें हैं, सारे परिवार से छुप कर वो कभी नहीं आ सकता। पार्लर वाली ने मेंहंदी लगाने के लिए पार्लर में ही बुलाया था, मेरी दोस्तों को भी मेहंदी लगवानी थी इसलिए घर की रस्मों को ख़त्म करके हम रिक्शे से पार्लर पहुँच गए। मेरी दोस्तों को मेहंदी लगवाने का इतना उत्साह होगा, ये मैंने सोचा नहीं था। मेरे लिए तो पार्लर जाना ही बड़ी बात थी। घर पर कभी ऐसा माहौल रहा ही नहीं कि पार्लर जाने की सोचते। कभी-कभार अगर किसी शादी ब्याह में जाना हुआ तो घर में कोई मौसी, चाची, बुआ थोड़ा सा तैयार कर देती और हम खुश। बस, नए कपड़ें बन जाएँ इतना ही बहुत था, मेकअप पर तो कभी ध्यान गया नहीं। इसलिए मेहंदी लगवाना भी किसी एडवेंचर से कम नहीं लग रहा था।

कोन से निकलती हुई मेहंदी, जब हाथों पर एक पतली धार में अलग सा आकार लेती हुई दिखती है, तो बहुत अच्छा लगता है। उसकी खुशबू और बनती हुई आकृतियों को देखने के कौतूहल में हमने ध्यान ही नहीं दिया कि मेरे दोस्त अचानक चहक़ने लगे हैं। हमने मुड़ कर देखा तो जनाब पीछे खड़े थे। मुझे कुछ समझ नहीं आया। यहाँ कैसे? पता किसने बताया? ये सब कैसे हुआ? पर, अपनी दोस्तों की मुस्कुराहट से समझ आ गया था कि घर का भेदी कौन है?

मेरी मेहंदी को देख कर, अपने दिल पर हाथ रखकर बोला, “पूरी रात क्या, पूरी ज़िंदगी इन हाथों में अपना नाम ढूँढ कर काट सकता हूँ मैं। वैसे मेरा नाम है कहाँ?” मैंने जल्दी से अपना हाथ छुपा लिया।

वो आगे हँसते हुए बोला, “कोई बात नहीं, मेहंदी तो मेरे नाम की है, फुरसत से देख लूँगा और हाँ तैयार रहना, अपनी दुल्हन को देखने सबसे पहले मैं ही आऊँगा।“

उफ्फ़... अब क्या होगा? मेरी दोस्तें भी एक-दूसरे को देखने लगीं। आज को तो किसी तरह चल गया लेकिन कल तो शादी है और ये डिमांड तो पूरी नहीं हो सकती। मेरी ओर देखते हुए उसने आँख मारी और निकल गया। शर्म से गाल बिना किसी मेकअप के ही लाल हो गए थे। घर पहुँच कर सभी दोस्त मेहंदी अच्छी रच जाए, के टोटकों में लग गईं। कोई लौंग का धुआँ कर रहा था, कोई नींबू-चीनी का घोल लगा रहा था, कोई भाप दे रहा था। हर आदमी के अलग टोटके। बड़ी देर बाद किसी को याद आया कि खाना भी खाना होता है दुल्हन को, मेहंदी लगाने के बाद।

दोस्त लोगों और मौसियों की छेड़-छाड़ के बीच हमने खाने पर ध्यान लगाया। अगर, आप अपने हाथों से ना खा रहें हो तो मुँह और हाथ का कोऑर्डिनेशन बनाना बहुत मुश्किल होता है। खाना खाते-खाते अचानक पिताजी की गुस्से भरी आवाज कानों में पड़ी। मैं दौड़कर उनके पास पहुँची तो देखा सभी लोग इकट्ठा थे।

आज तो सभी रिश्तेदार तिलक के लिए गए थे। या तो वहाँ कुछ हुआ है या शायद सबको पता चल गया कि वो सबके मना करने के बावजूद मुझसे मिलने आया था। मन ही मन सोचा अगर आज बच गए तो पूरी निष्ठा से भगवान् की प्रार्थना करूँगी अगले सात दिन तक।

पिताजी और सभी रिश्तेदार गुस्से में थे, मेरी तो डर के मारे हालत खराब थी। तिलक के दौरान कुछ अनबन हो गई थी दोनों पक्षों के बीच इसलिए तिलक हुआ ही नहीं। घर के बड़े मुझ पर नाराज़ हो रहे थे कि मेरी वजह से उनकी बेइज्जती हो गई और घर की औरतें मुझे समझा रही थीं कि, "शादियों में ऐसा होता रहता है, चाहे लव मैरिज हो या अरेंज्ड मैरिज।"

हम डांट खा कर बस यही सोच रहे थे कि शादी में अगर लोग सच में सिर्फ लड़के और लड़की की ख़ुशी देखें तो कितना अच्छा होगा।

वादा रहा सनम, होंगे जुदा ना हम

शादी वाले दिन सुबह से ही अलग माहौल था, कोई खुश, कोई गुस्सा, कोई अपनी ही उधेड़बुन में, कोई परेशान, कोई हैरान और कुछ लोग सिर्फ गल्तियाँ ढूँढ रहे थे। पर, हम इस सबसे बेखबर, सिर्फ शादी के सपने देख रहे थे। वैसे भी कल की डांट और तानों का असर कल ही ख़त्म हो गया था, आज के लिए तो सारा नया जोश था।

पूरा दिन रस्मों में निकल गया, या तो उस दिन 24 घंटे का दिन नहीं था या शायद 24 घंटे कुछ कम लग रहे थे हमें। शाम भी बड़ी जल्दी आ गई। 4 बजे तक पार्लर पहुँचना था। जल्दी से अपनी दोस्तों के साथ रिक्शे से पार्लर पहुँचे। माँ ने पहले ही बता दिया था, "तैयार हो कर फ़ोन करना तो लेने के लिए गाड़ी आ जाएगी।" घर पर एक किराये की गाड़ी का इंतजाम कर लिया गया था। अपना लहंगा, नकली गहने और बाकी का सारा समान लेकर अपनी दोस्तों सहित पार्लर पहुँच गए। पार्लर वाली आंटी भी अपनी

सेना के साथ तैयार थी। आज तो उनकी पूरी सेना की बस एक ही जिम्मेदारी थी, हमें अति सुंदर बनाना। सुंदर बनाने की प्रक्रिया शुरू हो गई। वैसे पार्लर में जाकर ही आपको पता चलता है कि आपके शरीर में कितने बाल हैं और आपकी त्वचा कैसी है और आपके अंदर दर्द सहने की कितनी क्षमता है।

हर दस मिनट के बाद आप अपने आप को और थोड़ा सुंदर महसूस करने लगते हैं। मुझसे ज़्यादा तो मेरे दोस्तों को सुन्दर बनने की जल्दी थी। आखिर 2 घंटे की मेहनत के बाद हमें भी यकीन सा हो चला था कि आज हम कहर ढा देंगे अपनी शादी में। लहंगा पहनकर पूरी तरह तैयार होकर बैठा दिए गए। दोस्तों ने कहा, फ़ोन कर दिया है, गाड़ी आने वाली है। हम भी इंतज़ार करने लगे। बाहर से बड़ी चहक़ने की आवाज़ें आ रही थीं।

पार्लर वाली लड़की ने बड़े इठलाते हुए आकर बताया, "आपके वो आए हैं।" मुझ से ज़्यादा तो वो शर्मा रही थी। बाहर निकल कर आई तो देखा जनाब स्कूटर पर अपनी बहन के साथ आकर खड़े थे। उफ्फ़... ये तो बहुत बड़ा अपशगुन हो गया। माँ ने कहा था, ये गलत है। मैंने अपना चेहरा छुपा लिया। बड़े प्यार से मेरा हाथ हटा कर बोला, "मैडम आज तैयार किसके लिए हुई हो? मेरे लिए और अपने लिए, फिर मुझसे क्या पर्दा? अगर मैं ठीक से तुम्हें ना देख पाया और तुम मुझे, तो इतनी तैयारी का क्या फायदा? और अगर ये अपशगुन है तो, यही सही, क्यूँकि होगा वही जो होना

है, तो डरें क्यूँ? मैंने कहा था ना कि सबसे पहले अपनी दुल्हन को मैं देखूँगा इसलिए आ गया। अब पूरी दुनिया देख ले, कोई बात नहीं।" मुझे और एक नज़र देख कर वो चला गया। पूरा फिल्मी पति मिलने जा रहा है मुझे।

गाड़ी आते ही हम भी घर के लिए रवाना हो गए। बड़ी धूम धाम से, सारे मंगल कार्यों के साथ हमारी शादी हो गई। शादी के लिए बड़ी मुश्किल से उसे 5 दिन की छुट्टी मिली थी। उन 5 दिनों में हमने 50 सालों जितनी ख़ुशी पा ली। हर दिन, हर रात हमने साथ बिताई। हर पल को दोनों हाथों से यूँ पकड़ जैसे कोई तितली हो, जिसके पंख जोर से दबाने से टूट जाएँगे। हर लम्हे को सहेज कर, हर शाम को संभाल कर रख लिया। पता नहीं था, कि बस इतना ही साथ लिखा था। वो इस बार जब वापस गया तो कभी लौटा नहीं। बस लौटा तो उसका शरीर, जिसकी आत्मा तो मेरे अंदर थी, लेकिन सांसें नहीं थीं। ज़िंदगी आपको जब भर-भर कर खुशियाँ देती है, तो डर लगता है कि कहीं ये सब छिन गया तो क्या होगा? पर, ये इतना हाइपोथेटिकल सवाल है कि इसका जवाब कभी सोच ही नहीं पाते हैं। अगर ऐसा होता तो क्या होता? हर पार्टी में, हर मौके पर कोई ना कोई ये सवाल जरूर पूछता है, "अगर तुम्हारी शादी ना हुई होती? अगर तुम दोनों को प्यार ना हुआ होता तो? अगर वो वापस ना जाता तो? अगर तुमने उसे रोक

लिया होता तो? अगर उस दिन वो शादी के पहले तुम्हें देखने का अपशगुन ना करता तो?"

इन सारे सवालों को मैंने भी खुद से तब तक पूछा जब तक मैं खुद थक नहीं गई। फिर इन सवालों को ना खुद से कभी पूछा ना कभी किसी को जवाब दिया। जो मेरे पास आज है बचा हुआ, वो लोगों की ज़िंदगी निकल जाती है पाने में।

आज बीस सालों के बाद भी, ऐसा एक दिन भी नहीं गया जब मुझे लगा हो कि मैंने कुछ गलत किया या मेरे साथ कुछ गलत हुआ। मैं अपने हिस्से की ज़िंदगी के साथ उसके हिस्से की ज़िंदगी भी जी रही हूँ, क्यूँकि ये उसका हक़ है और मेरा वादा। वो जाते जाते मुझे सिखा गया, "क्यूँ, कब, कैसे, कहाँ छोड़ो और आज में जियो। खुल कर प्यार करो और खुल कर जियो।"

यही है मेरी भी एक लव स्टोरी, जिसमें लव कल भी था और आज भी है और हमेशा रहेगा।